ସମୁଦ୍ରସ୍ନାନ

ସମୁଦ୍ରସ୍ନାନ

ଗୁରୁପ୍ରସାଦ ମହାନ୍ତି

ଉପସ୍ଥାପନା:
ଭଗବାନ ଜୟସିଂହ

BLACK EAGLE BOOKS
2020

 BLACK EAGLE BOOKS

USA address:
7464 Wisdom Lane
Dublin, OH 43016

India address:
E/312, Trident Galaxy, Kalinga Nagar,
Bhubaneswar-751003, Odisha, India

E-mail: info@blackeaglebooks.org
Website: www.blackeaglebooks.org

First International Edition Published by
BLACK EAGLE BOOKS, 2020

SAMUDRASNANA
by **Guruprasad Mohanty**

Copyright © **Family of Guruprasad Mohanty**

All rights reserved. No part of this publication may be reproduced, stored in a retrieval system, or transmitted, in any form or by any means, electronic, mechanical, photocopying, recording or otherwise without the prior permission of the publisher.

Cover & Interior Design: Ezy's Publication

ISBN- 978-1-64560-069-5 (Paperback)

Printed in United States of America

ଜେଜେ ଓ ବାପାଙ୍କର ସ୍ମୃତିରେ

ଗୁରୁପ୍ରସାଦ

ଚମ୍ପାଫୁଲର ରୋମାଞ୍ଚ: ଗୁରୁପ୍ରସାଦ ମହାନ୍ତିଙ୍କ କବିତା

ଭଗବାନ ଜୟସିଂହ

॥ ୧ ॥

ଆଧୁନିକ ଓଡ଼ିଆ କବିତାର ଅନ୍ୟତମ ବରିଷ୍ଠ କବି ଭାନୁଜୀ ରାଓଙ୍କ ସହ "ନୂତନ କବିତା" (୧୯୫୫) ଭଳି ଏକ ସଂକଳନ ପ୍ରକାଶ କରି ଗୁରୁପ୍ରସାଦ ମହାନ୍ତି ଷଷ୍ଠ ଦଶକ ଓଡ଼ିଆ କାବ୍ୟରାଜ୍ୟରେ ପ୍ରଥମ ପଦସ୍ଖଳନା କଲାବେଳକୁ ସଚ୍ଚିଦାନନ୍ଦ ରାଉତରାୟ (ସଂକ୍ଷେପରେ 'ସଚ୍ଚିଦାନନ୍ଦ') ତାଙ୍କର "ପାଣ୍ଡୁଲିପି"କୁ ପାଥେୟ କରି ଆଧୁନିକତାର ପ୍ରଥମ ପଦଧ୍ୱନି ସୃଷ୍ଟି କରିସାରିଥିଲେ। ତେବେ ସଚ୍ଚିଦାନନ୍ଦଙ୍କ ଏହି କାବ୍ୟଗ୍ରନ୍ଥଟି ରାଧାନାଥ, ମଧୁସୂଦନ, ଗଙ୍ଗାଧର ମେହେରଙ୍କ ଭଳି ରୋମାଂଟିକ୍ କବିଙ୍କ ଦ୍ୱାରା ପରିପୁଷ୍ଟ ଏକ ସୁବିଶାଳ କାବ୍ୟ ପରମ୍ପରାକୁ ଧ୍ୱଂସ କରିବାରେ ସମ୍ପୂର୍ଣ୍ଣ ସମର୍ଥ ନଥିଲା। "ପାଣ୍ଡୁଲିପି" ପ୍ରକାଶନର ମାତ୍ର କେତୋଟି ବର୍ଷ ପରେ "ନୂତନ କବିତା"ର କେତୋଟି ମାତ୍ର ଅଥଚ ଅତ୍ୟନ୍ତ ଶକ୍ତିଶାଳୀ କବିତା ରଚନା କରି ସଚ୍ଚିଦାନନ୍ଦଙ୍କ ଅସମ୍ପୂର୍ଣ୍ଣ କାମକୁ ସମ୍ପୂର୍ଣ୍ଣତା ଆଡ଼କୁ ଟାଣିନେବାରେ ଏକ ସମର୍ଥ ଭୂମିକା ଗ୍ରହଣ କରିଥିଲେ ଗୁରୁପ୍ରସାଦ। ଆଧୁନିକ ଓଡ଼ିଆ କବିତାକ୍ଷେତ୍ରରେ ଗୁରୁପ୍ରସାଦଙ୍କ ଅନନ୍ୟ ଅବଦାନକୁ ଅନୁଶୀଳ କରି କବିଙ୍କର ମୌଳିକ କଳାତ୍ମକ ଉତ୍କର୍ଷ ଓ ଅନନ୍ୟତା ପ୍ରତିପାଦନ କରିବା ହେଉଚି ଏ ମୁଖବନ୍ଧର ଲକ୍ଷ୍ୟ॥

॥ ୨ ॥

ଗୁରୁପ୍ରସାଦଙ୍କର ନିଜସ୍ୱ ଦୁଇଟି କବିତା ଗ୍ରନ୍ଥ ମଧ୍ୟରୁ "ସମୁଦ୍ରସ୍ନାନ" ଥିଲା ତାଙ୍କର ପ୍ରଥମ ସଂକଳନ, ଯାହା "ନୂତନ କବିତା"ର ସମସ୍ତ କବିତାକୁ ନେଇ ପ୍ରକାଶଲାଭ କରିଥିଲା ୧୯୭୦ରେ। "ନୂତନ କବିତା"ର ସନ୍ନିବେସିତ ମୁଖବନ୍ଧରେ ସମାଲୋଚକ ଯତୀନ୍ଦ୍ର ମୋହନ ମହାନ୍ତି କବିତାଗୁଡ଼ିକର ଚମକପ୍ରଦ ଆଧୁନିକତା ଉପରେ ମତବ୍ୟକ୍ତ ପୂର୍ବକ

ଏଗୁଡ଼ିକ କିଭଳି ପାଶ୍ଚାତ୍ୟ କବିଙ୍କ ଅନୁସୃତ କାବ୍ୟଶୈଳୀ ଦ୍ୱାରା ପ୍ରଭାବିତ ହୋଇ ଏକ ନିଜସ୍ୱ କାବ୍ୟଶୈଳୀ ତଥା ନିଜସ୍ୱ କାବ୍ୟଭାଷା ନିର୍ମାଣ କରିଥିଲେ ତା' ପ୍ରତି ପାଠକଙ୍କ ଦୃଷ୍ଟି ଆକର୍ଷଣ କରିଥିଲେ। ପ୍ରଥମ ସଂକଳନ ପ୍ରକାଶ ପାଇବାର ବହୁ ବର୍ଷ ପରେ, ଅର୍ଥାତ୍ ୧୯୮୮ରେ ପ୍ରକାଶ ପାଇଥିଲା "ଆଶ୍ଚର୍ଯ୍ୟ ଅଭିସାର"। ତେବେ ଏହି ଦ୍ୱିତୀୟ ସଂକଳନଟିରେ ଗୁରୁପ୍ରସାଦଙ୍କ ସେମିତି କିଛି ଉଲ୍ଲେଖନୀୟ ଅଗ୍ରଗତି ନଥିବା ହେତୁ ତାଙ୍କର କାବ୍ୟିକ ସଫଳତା ପଛରେ "ସମୁଦ୍ରସ୍ନାନ"ର ୧୦ଟି ସନେଟ୍ ସହ ମାତ୍ର ୧୮ଟି କବିତାର ଅବଦାନ ରହିଛି ବୋଲି ମନେ କରାଯାଏ। "ପାଣ୍ଡୁଲିପି"ରେ ପରିବ୍ୟାପ୍ତ କାବ୍ୟିକ ବଳୟକୁ ଅଧିକ ସଂପ୍ରସାରିତ କରି, ସଚ୍ଚିଦାନଂଦଙ୍କ ପ୍ରତିଷ୍ଠିତ ଆଧୁନିକ କବିତାର ପରମ୍ପରାକୁ ସମୃଦ୍ଧ ଓ ନବୀକରଣ କରିବା ପାଇଁ ଏଇ କେତୋଟି ମାତ୍ର କବିତା ଥିଲା ଯଥେଷ୍ଟ।

କହିବା ବାହୁଲ୍ୟ: "ସମୁଦ୍ରସ୍ନାନ"ର ପ୍ରତ୍ୟେକ କବିତାକୁ ଦୃଶ୍ୟବୋଧ ଓ ଭାବସଂଚାର ବିଚାରରେ ଏକ ଏକ ମାଇଲଖୁଂଟ ବୋଲି ପରିଗଣିତ କରାଯାଏ। ଏହାର ପ୍ରତ୍ୟେକ କବିତାର ଆବେଦନ ଓ ପ୍ରଭାବ, ବିଶେଷକରି ଏଥିରେ ବ୍ୟବହୃତ ଶବ୍ଦ, ଶବ୍ଦମାନଙ୍କର ପ୍ରୟୋଗବିଧି, ଏମାନଙ୍କର ସାଂଗତିକତା ତଥା ବିଷୟବସ୍ତୁ ଓ ଟେକ୍‌ନିକ୍‌ଗତ ପରୀକ୍ଷାନୀରିକ୍ଷା ଏତେ ସଂକ୍ରମଣାତ୍ମକ ଥିଲା ଯେ, ଏହା ବହୁ ବର୍ଷ ଧରି କେବଳ ସମସାୟିକ ପାଠକ ଓ କବିଙ୍କୁ କାହିଁକି, ପରବର୍ତ୍ତୀ ପିଢ଼ିର ସ୍ରଷ୍ଟାମାନଙ୍କ ପାଇଁ ଏକ ଅପରିହାର୍ଯ୍ୟ ପ୍ରଭାବ ଭାବେ ପରିଗଣିତ ହୋଇଥିଲା। ଗୁରୁପ୍ରସାଦଙ୍କ ପରବର୍ତ୍ତୀ କବି ଯଥା, ରମାକାନ୍ତ, ସୀତାକାନ୍ତ ଓ ସୌଭାଗ୍ୟ, ଏପରିକି କମଳାକାନ୍ତ ଲେଙ୍କା, ହରପ୍ରସାଦ ଦାସ, ରାଜେଂଦ୍ର କିଶୋର ପଣ୍ଡା, ପ୍ରତିଭା ଶତପଥୀ ସେମାନଙ୍କ ପ୍ରାଥମିକ ସୃଜନ ଜୀବନରେ ଗୁରୁପ୍ରସାଦଙ୍କ ପ୍ରଭାବକୁ ସ୍ୱୀକାର କରି ନଥିଲେ ମଧ୍ୟ ପରୋକ୍ଷରେ ତାଙ୍କର ସଂଗୀତପୂର୍ଣ୍ଣ କାବ୍ୟଶୈଳୀ ଦ୍ୱାରା ସଂକ୍ରମିତ ହୋଇଛନ୍ତି ନିଶ୍ଚୟ।

॥ ୩ ॥

ସମାଲୋଚକଙ୍କ ମତରେ, "କାଳପୁରୁଷ" ହେଉଛି ଗୁରୁପ୍ରସାଦଙ୍କ ସର୍ବଶ୍ରେଷ୍ଠ କୃତି। କିଂତୁ "କାଳପୁରୁଷ" ବ୍ୟତୀତ କବିଙ୍କୁ ଲୋକପ୍ରିୟ ମର୍ଯ୍ୟାଦା ଦାନ କରିଥିବା କେତୋଟି କବିତାମାନଙ୍କ ମଧ୍ୟରେ ସର୍ବାଗ୍ରରେ ଅଛନ୍ତି, "ଚଂପାଫୁଲ", "ଗୋବର ଗଣେଶ", "ଆଖିର କପୋତ ମୋର" ଓ "ହରେକୃଷ୍ଣ ଦାସ"। ଏ କବିତାଗୁଡ଼ିକ ଯେଉଁଭଳି ଭାବେ ପାଠକମାନଙ୍କୁ ବିମୋହିତ କରିଥିଲା, ସେଇ ସମ୍ମୋହନର ପଟାନ୍ତର ନାହିଁ। କୁହାଯାଏ "ଚଂପାଫୁଲ" କବିତା ("ସମୁଦ୍ରସ୍ନାନ"ର ପ୍ରଥମ କବିତା)ଟି ସଚ୍ଚିଦାନନ୍ଦଙ୍କ "ଛୋଟ ମୋର ଗାଆଁଟି"ର ଆକର୍ଷଣକୁ ଟପି ଯାଇ ପାରି ନଥିଲେ ମଧ୍ୟ, ସମସାମୟିକ ପାଠକ ଓ କବିଙ୍କ ମଧ୍ୟରେ ଏହା କିଛି କମ୍ ଲୋକପ୍ରିୟ ନଥିଲା। ସଚ୍ଚିଦାନନ୍ଦ ତାଙ୍କ "ଝଡ଼" କବିତାରେ

ଝଡ଼କୁ ଏକ ନୂତନତାର ପ୍ରତୀକ ଭାବେ ବ୍ୟବହାର କରି ଏକ ନୂତନ କାବ୍ୟ ଆନ୍ଦୋଳନକୁ ସ୍ୱାଗତ କଲାବେଳେ ଗୁରୁପ୍ରସାଦ ଚଂପାଫୁଲକୁ ଆଧୁନିକତାର ଏକ ପ୍ରମୁଖ ବିଭବ ଭାବେ ପ୍ରୟୋଗ କରି ନୂତନତାର ଚଂପାଫୁଲ ବାସ୍ନାରେ ପ୍ରଗଲ୍‌ଭ ହୋଇଉଠିଛନ୍ତି। କବିତାର ପ୍ରଥମରୁ ଶେଷ ପର୍ଯ୍ୟନ୍ତ ନୂତନତାର ମହକସିକ୍ତ ରୋମାଂଚକୁ ଭିନ୍ନଭିନ୍ନ ରୂପକଙ୍କ ମାଧ୍ୟମରେ ରୂପାୟନ କରିଛନ୍ତି କବି। ଗୁରୁପ୍ରସାଦଙ୍କର ବକ୍ତବ୍ୟ ଥିଲା ଏପରି ଏକ ଆକର୍ଷକ ନୂତନତା ଏମିତି ଦୁର୍ବାର ଥିଲା ଯେ ଏହା 'ଛାତି' ଓ 'ନିଃଶ୍ୱାସ'ରେ ନିଆଁ ଲଗେଇ ଦେଇଥିଲା। କବିତାର ଶେଷ କେତୋଟି ଧାଡ଼ିକୁ ଲକ୍ଷ୍ୟ କରାଯାଇପାରେ :

ଚଂପାଫୁଲ ମହକରେ ପଡ଼େ ସେ ଯେ ଦାରୁଣ କୁହୁକ
ରକ୍ତେ ଯାଏ ନିଆଁ ଲାଗି, ଛାତି ଆଉ ନିଃଶ୍ୱାସର ନିଆଁ
ଛାତି ଆଉ ନିଃଶ୍ୱାସରେ ନିଆଁ ସେ ଯେ ଦେହେ ଦେହେ ବିଜୁଳି ଚମକ
ବିଜୁଳି ଚମକ ସେ ଯେ ବଣ ନିଆଁ, ସବୁ ଯାଏ ଛିନ୍ନଭିନ୍ନ ହୋଇ
ପୃଥିବୀ ଛାତିରେ ଲୋଟି ହୋଇ ମନ ପଡ଼େ ରୋମାଂଚରେ ଶୋଇ।।

ଦେହରେ ଦେହରେ ବିଜୁଳିର ଶିହରଣ ସୃଷ୍ଟି କରିପାରୁଥିବା ନୂତନତାର 'ଚମକ' ଓ ତାର 'ବଣନିଆଁ' ପରି ବ୍ୟାପିଯିବାର ଅନୁଭୂତି, 'ମାଂସ' ସବୁ 'ଫୁଲ' ହୋଇ ଫୁଟିଯିବାର ଆବେଗାତ୍ମକ ଅଭିବ୍ୟକ୍ତିକୁ ଅନୁଶୀଳନ କଲେ ଗୁରୁପ୍ରସାଦ ଚଂପାଫୁଲ ଭଳି ପ୍ରତୀକ ମାଧ୍ୟମରେ କେମିତି ନୂତନାର ସ୍ୱାଦ ଓ ସଂଭାବନାକୁ ପରିବେଷଣ କରିଛନ୍ତି ତାହା ଦେଖି ଆଶ୍ଚର୍ଯ୍ୟ ଲାଗେ। କବିତାଟି ଯେ କୌଣସି ଦେବାଳୟର ମୁଖଶାଳା ଭଳି ଦେବାଳୟର ଅନନ୍ୟ ଓ ଅନୁପମ ସୌନ୍ଦର୍ଯ୍ୟକୁ ପ୍ରତୀକିତ କରୁଛି, ଏଥିରେ ସନ୍ଦେହ ନାହିଁ।

ନୂତନତାର ଚମକପ୍ରଦ ପରିବେଷଣ ପାଇଁ ଯେଉଁ ସବୁ କବିତା ଆଲୋଚନାର ପରିସରକୁ ବ୍ୟାପକତର କରାଏ, ତା' ମଧ୍ୟରେ "ଗୋବର ଗଣେଶ" ଏକ ସଫଳ କବିତାର ମର୍ଯ୍ୟାଦା ଦାବି କରିଥାଏ। ଗୁରୁପ୍ରସାଦଙ୍କ ବିଚାରରେ ଗୋବର ଗଣେଶ ହେଉଛି ଜଣେ ଆଧୁନିକ ମଣିଷର ପ୍ରତିଛବି; ସେ ଏମିତି ଏକ ଆଧୁନିକ ସହରୀ ମଣିଷ, ଏମିତି ଏକ ଅଦରକାରୀ, ଅମୂଳକ ସତ୍ତା, ଯିଏ ଗୋବର ନିର୍ମିତ ଗଣେଶ ପରି ଅପଦାର୍ଥ, ଅପାଂକ୍ତେୟ ମନେହୁଏ, ତା' ପାଇଁ ଜୀବନ ଓ ଜୀବନର ମୂଲ୍ୟବୋଧ ଅତ୍ୟନ୍ତ ନଗଣ୍ୟ ଥାଏ। ଆଧୁନିକ ମଣିଷଟି ଆଧୁନିକ ଜୀବନ ଜିଇଁଲା ବେଳେ କେଉଁଟି ଠିକ୍ ଏବଂ କେଉଁଟି ଠିକ୍-ନୁହେଁ, ଭଲ-ମନ୍ଦ ତଥା ହଁ-ନାହିଁର ପାର୍ଥକ୍ୟ ବୁଝିପାରେନି। ସେ ଏମିତି ଏକ ବ୍ୟକ୍ତିସତ୍ତା, ଯା ଜୀବନରେ ସବୁକିଛି ଅସହଜ, ଅପରିପୂର୍ଣ୍ଣ; ସେ ପୂର୍ଣ୍ଣତା ପରାହତ

ମଣିଷଟିଏ। କବିତାର ଆରମ୍ଭରୁ ହିଁ ଗୋବରଗଣେଶର ଅଭାବବୋଧ ବିଷୟରେ ଆଲୋକପାତ କରିଛନ୍ତି ଗୁରୁପ୍ରସାଦ। କବିତାର ଆରମ୍ଭରୁ ଶେଷଯାଏଁ କବି ବାରଂବାର "ରହିଯାଏ ଅଭାବ ତଥାପି"କୁ refrain ଭାବେ ବ୍ୟବହାର କରି ଗୋବର ଗଣେଶକୁ ଅଭାବବୋଧର ଏକ ଜୀବନ୍ତ ପ୍ରତିମା ଭାବେ ଚିତ୍ରିତ କରିଛନ୍ତି। କିଛି କରିପାରିବା ଦୂରେ ଥାଉ, କିଛି ନକରିବାର ଗ୍ଳାନିର ଯନ୍ତ୍ରଣାରେ ତାର 'ଅକ୍ଲାନ୍ତ' ଚେଷ୍ଟା ସତ୍ତ୍ୱେ 'ଆଜି ପୁଣି ମତେ ଲାଜମାଡ଼େ' ବୋଲି ନିଜର କ୍ଷୋଭ ବ୍ୟକ୍ତ କରନ୍ତି :

ଆଜି ପୁଣି ଅକ୍ଲାନ୍ତ ମୁଁ ଚେଷ୍ଟା କରେ ହେବାକୁ ଚିକ୍‌କଣ
ରୁମାଲରେ ମୁହଁ ପୋଛି ପଞ୍ଜାବୀରେ ଲଗାଏ ଅତର
ଆଗରେ ଆରିଶି ରଖି ମୁଲାଏମ୍ ହସିବାକୁ ଶିଖେ।

କିନ୍ତୁ ସେ ଜାଣେ :

ମୁଁ ନୁହେଁ ଧୂପର ହିରୋ, ଗାର୍ଲସ୍କୁଲ, ଚୁମ୍ବନ ବା ଚମ୍ପୁର ନାୟକ
ଘରୁକଳା ଅଭାବ ମୋଠାରେ
ତାର ସିଲ୍‌କ ଲୁଗାତଳୁ ଛାତି ଯେବେ ଉଙ୍କିମାରେ।

ନିଜର ପୁରୁଷାକାର ସାବ୍ୟସ୍ତ କରିପାରୁନଥିବା ଗୋବର ଗଣେଶଟି କୌଣସି ନାରୀ ପାଖରେ କେମିତି ଅସହାୟ, ଅପଦାର୍ଥ ପୁରୁଷ ଭଳି ଠିଆହୁଏ ତାର ଅବତାରଣା କରିଛନ୍ତି ଗୁରୁପ୍ରସାଦ। ହୁଏତ ନାରୀଟିର 'ଗୋଲ ଛାତି', 'ଶାଢ଼ୀ' ଓ 'ବ୍ଲାଉଜ୍' ତଥା ତାର 'କଳା ଆଖି'ର ରୋମାଂଚ ଦ୍ୱାରା ରୋମାଞ୍ଚିତ ହୁଏ, ହେଲେ ତାର ପୁରୁଷତ୍ୱ ଜାହିର କରିପାରେ ନାହିଁ। ତା' ଓଠ ବା ବ୍ଲାଉଜ୍ ତଳକୁ ଅନେଇ ତାର ଜୀବନ ସରିଯାଏ, ହେଲେ ଶେଷରେ, "ତଥାପି ତଥାପି କିଛି ଆଜିଯାଏ ହୋଇନି ସମ୍ଭବ" କହି ଚୁପ୍ ରହିଯାଏ।

ଅପଦାର୍ଥ ଗୋବର ଗଣେଶର ମୂଲ୍ୟବୋଧହୀନ ଜୀବନଚର୍ଯ୍ୟାର ଠିକ୍ ବିପରୀତ ମୁଦ୍ରାରେ ଦେଖାହୁଅନ୍ତି "ହରେକୃଷ୍ଣ ଦାସ", ଗୁରୁପ୍ରସାଦଙ୍କ ଅନ୍ୟ ଏକ ଚର୍ଚ୍ଚିତ କବିତା। "ହରେକୃଷ୍ଣ ଦାସ"ର ପ୍ରଥମ କବିତାରେ କବି 'କାଳର ଏକତା'କୁ ଆକାଶ, ଗ୍ରହତାରା, ମେଘ ଦିନ ରାତିର ଚଳପ୍ରଚଳକୁ ଯୋଡ଼ିଛନ୍ତି। ଏହା ସହ ରାଜନୀତି, ଖବର କାଗଜ, ସିନେମା, ଚଉଧୁରୀ ବଜାରର ବିକାକିଣା, ମଶା, ମାଛି ଇତ୍ୟାଦିଙ୍କୁ ସଂଯୋଜିତ କରି ସବୁ କିଛି, କବିଙ୍କ ଭାଷାରେ 'ନିୟମ ଓ ହାର୍ମୋନୀ' ସୂତ୍ରରେ ବାନ୍ଧିହୋଇ ରହିଛନ୍ତି

ବୋଲି ନିଜର ମତବ୍ୟକ୍ତ କରିଛନ୍ତି । କଟକର ଅଧିବାସୀ ହରେକୃଷ୍ଣ ଦାସଙ୍କ ପାଇଁ ସବୁ କିଛି ଠିକ୍, ନିୟମ ମୁତାବକ ଚାଲୁରହିଛି । ତାଙ୍କ ପାଇଁ :

ଏ ପୃଥିବୀ ଠିକ୍ ଚାଲେ ସମୟର ଗତି
ଆଜିର ନାୟିକା ପାଏ ମାଆ ପାଟ୍ କାଲି ସିନେମାରେ
ଆକାଶର ତାରା ଯେତେ କେବେହେଲେ ଗଣିହୁଏ ନାହିଁ
ଆଶ୍ଚର୍ଯ୍ୟ ପୃଥିବୀ ହୁଏ ହତବାକ୍ ସୂର୍ଯ୍ୟାସ୍ତ ଭିତରେ !

"ହରେକୃଷ୍ଣ ଦାସ"ର ଦ୍ୱିତୀୟ କବିତାରେ କିଂତୁ ସ୍ଥିତି ଟିକିଏ ଅଲଗା ଲାଗିଥାଏ । କଟକର ଅଧିବାସୀ ହରେକୃଷ୍ଣ 'ବନ୍ଧୁହୀନ ଜ୍ଞାତିହୀନ' ଜୀବନ ଜିଇଁଲା ବେଳେ କେଜାଣି କାହିଁକି ଏକ 'ଅକସ୍ମାତ୍ ଭୟ' ତାଙ୍କୁ ଗ୍ରାସ କରେ । "ହଳଦିଆ ପ୍ରଜାପତି ପରି / ମଣିଷର କେତେ ସ୍ୱପ୍ନ ଆଶା ଓ ନିରାଶା"ର ସ୍ଥିତି ତାକୁ ଛିନ୍‌ଭିନ୍ କରିଦିଏ :

ଭୟ ଆଉ ପାପମିଶି ଏ ସମୟ ଅନ୍ତସତ୍ତ୍ୱା...ଜୀବନର ଭଗ୍ନାଂଶ କେବଳ
ତେଣୁ ଏ ସହରର ଗଳିରେ ଛିନ୍ନ ପ୍ରାଣହୀନ ଦେହ ଓ କାମନା
ତେଣୁ ଏହି ସହରର ବିବର୍ଣ୍ଣ ଦେହରେ ଶୀତର ଖଦଡ଼ ଓ ଉଲ୍‌ର ପୋଷାକ
ଭିତରେ ହଠାତ୍ ଆସି ଛିଡ଼ାହୁଏ ସାମ୍ନାରେ
ଅଭିଶପ୍ତ ମଣିଷର ପାପ ଆଉ ଭୟର ପ୍ରେତାତ୍ମା ।

"ସମୁଦ୍ରସ୍ନାନ"ର ଅନ୍ୟ ଏକ କବିତା ଯାହା ବହୁ ବେଶି ପାଠକୀୟ ଆଦୃତି ବା ଲୋକପ୍ରିୟତା ହାସଲ କରିଛି ତାହା ହେଲା "ଆଖିର କପୋତ ମୋର" । "ଗୋବର ଗଣେଶ"ର ସକଳ ଅଭାବବୋଧକୁ ଅତିକ୍ରମଣ କରି 'ଜରୁମୃତ୍ୟୁ ବ୍ୟାଧି' ତଥା ଜରାମୃତ୍ୟୁ ଓ ବ୍ୟାଧିରେ କବଳିତ 'ଜୀବନ'ର ଅର୍ଥ ବୁଝିବାକୁ ଆପ୍ରାଣ ଚେଷ୍ଟା କରିଛି କାବ୍ୟ ପୁରୁଷ । ଜୀବନର ଯାବତୀୟ ଅପ୍ରାପ୍ତି ଓ ଅସମ୍ପୂର୍ଣ୍ଣତାକୁ ସାମ୍ନା କରିବାକୁ ଯାଇ ଆକାଶମନସ୍କ କବି ପୃଥିବୀମନସ୍କ ହେବାକୁ ଜୀବନର ପରମଧର୍ମ ବୋଲି ଗ୍ରହଣ କରିନେଇଛି । ଆକାଶ, ପୃଥିବୀ ଓ ସମୁଦ୍ର – ଏ ସମସ୍ତ ମିଳନ ବା ତ୍ରିବେଣୀ ସଂଗମ ସହ ସାମିଲ୍ ହୋଇ ଯେଉଁ ଆତ୍ମବୋଧର କଥା କହିଛି, ତାହା ଏକ ସତ୍ୟନିଷ୍ଠ ଦାର୍ଶନିକର ଉକ୍ତି ଭଳି ମନେହେଉଚି:

"ତୁମର ଆତ୍ମା ବି କାହିଁ ? ମୋ ଦେହ ବା ଜୀବନ୍ତ କେଉଁଠି ?"

ଗୁରୁପ୍ରସାଦଙ୍କ କହିବା କଥା : ଜରା, ବ୍ୟାଧି ଓ ଯନ୍ତ୍ରଣାରେ ଜର୍ଜରିତ ଦେହ

ଯାହା ଆତ୍ମାର ଏକ ଅସ୍ଥାୟୀ ସ୍ୱରୂପ ମାତ୍ର, ତାକୁ ଦେହ ମଣି ଏହି ଶାଶ୍ୱତ ଅନନ୍ତ ଅବିନଶ୍ୱର ବୋଲି କେମିତି କହିହେବ ? ପୃଥିବୀରେ ଜୀବନ ଜିଇଁଲା ବେଳେ କେତେବେଳେ 'କ୍ୟାନସର' ତ କେତେବେଳେ 'ଟିବି' ଏମିତି ଅନେକ କିଛି 'ଜୀର୍ଣ୍ଣ', 'ବିବର୍ଣ୍ଣ' ଅନୁଭୂତି ଭିତରେ କେମିତି ବଂଚିହେବ ବୋଲି ପ୍ରଶ୍ନ କରିଛନ୍ତି ଗୁରୁପ୍ରସାଦ । ଗୁରୁପ୍ରସାଦ ବିଶେଷକରି ଏକ ବିଷର୍ଣ୍ଣତାବାଦୀ କବି। ତାଙ୍କ କବିତାରେ 'ନିହତ ଗୋଧୂଳି', 'ଜୀର୍ଣ୍ଣ ପତ୍ରଶାଖା', 'ବିଫଳ ପ୍ରୟାସ' ଓ 'ଗୋଧୂଳିର ଅପନ୍ତରା' ଭଳି ଶବ୍ଦ ପ୍ରୟୋଗ କରି ଦୁଃଖ, ଶୋକ ଓ ଯନ୍ତ୍ରଣାର ଅନ୍ୟ ନାମ ଜୀବନ ବୋଲି ଅଭିହିତ କରିଛନ୍ତି । ଜୀବନକୁ ଏକ ଗଛର ପ୍ରତିରୂପ ମନେ କରିବା ପୂର୍ବକ "ଗଛର ପତ୍ର ସବୁ ଝଡ଼ିଯାଏ" ବୋଲି ଉଚ୍ଚାରଣ କରି ଜୀବନ ଜିଇଁଲା ବେଳେ ସବୁ କିଛି 'ଅନ୍ତ' ଆଡ଼କୁ ଟାଣି ହୋଇଯାଏ ବୋଲି କହିଛନ୍ତି ଗୁରୁପ୍ରସାଦ। "ସିନେମା ହଲ୍‌ର ଶେଷ ଶୋ" ଶେଷ ହେଲାପରେ "ଯାତାୟତ କଳରୋଳ / ସଭା ଓ ବକ୍ତୃତା" ସବୁ କିଛି 'ଅନ୍ତ' ହୋଇଗଲା ପରେ ବିଷାଦଗ୍ରସ୍ତ କବି ପ୍ରାର୍ଥନା କରନ୍ତି:

ଏ ବର୍ଷର ନଷ୍ଟ ଆତ୍ମା ଦେହ ଏ ରାତିର, ତୁମେ ତା ଭିତରେ ଅଛ
ରାତିର ବିନାଶ ହେଉ ନଷ୍ଟ ହେଉ ଦେହ ମୋର ନଷ୍ଟ ହେଉ
ପୃଥିବୀର ମର୍ମାନ୍ତିକ ଆଶା
ବିନାଶ କାମନା ହେଉ ଲୋପ ହେଉ ପୃଥିବୀର ବର୍ଷା ଆଉମେଘର ପିପାସା
ଶାନ୍ତ ହେଉ ସବୁ ଚେଷ୍ଟା ବିଫଳ ପ୍ରୟାସ ଯେତେ, ମୌନ ହେଉ ମଣିଷର ଭାଷା।
("ନିହତ ଗୋଧୂଳି")

"ସମୁଦ୍ରସ୍ନାନ"କୁ ଅଧ୍ୟୟନ କଲେ ଏହାର ପ୍ରାୟ ସବୁ କବିତାରେ ଏହି ବିଷର୍ଣ୍ଣତାର ସ୍ୱର ଅତ୍ୟନ୍ତ ଜୀବନ୍ତ ଓ ପରିଷ୍କାର ମନେହୁଏ । ଏପରିକି ସୁନ୍ଦର ଶରତ ଋତୁର ଜହ୍ନ "ଡେଇଁ ଡେଇଁ, ଛୋଟ ଛୋଟ ବଉଦର / ସିଢ଼ି ଚଢ଼ି" ଗତିଶୀଳ ହେଲାବେଳେ କାହିଁକି କେଜାଣି ଜ୍ୟୋତ୍ସ୍ନାବିଧୌତ ସମୁଦ୍ରକୂଳରେ ଚକ୍ରବାକ କାନ୍ଦିଉଠେ, ରାତିର ଅମୁହାଁ ଗଳିରେ ପ୍ରେମିକାର ଓଠ ଭିତରୁ ଧାଡ଼ି ଧାଡ଼ି ଦାନ୍ତ ଦେଖାଯାଏ, ତାର ଉଦ୍‌ଭ୍ରାଂତ ମନ ଅସ୍ଥିର ହୋଇଉଠେ। କବି ଗାଇଉଠନ୍ତି :

ତୁମେ ଆଜି ଶୋଇପଡ଼ ଜହ୍ନରାତି ଆସ୍ତେ କ୍ଷୟ ଯାଉ
ଜାକିଜୁକି ହାତଗୋଡ଼, ମୁହଁପୋତି ତକିଆ ଭିତରେ
ତୁମର ଉଦ୍‌ଭ୍ରାନ୍ତ ମନ ସ୍ଥିର ହୋଇ ଛପିଯାଉ, ଚୁପ୍‌ଚାପ୍
ଆପେ ଛପିଯାଉ।

||୪||

'ସମୁଦ୍ରସ୍ନାନ'ର ୧୦ଟି ସନେଟ୍ ସହ ୧୮ଟି କବିତାଙ୍କ ଭିତରେ "କାଳପୁରୁଷ" କେବଳ ଏକ ବହୁଚର୍ଚ୍ଚିତ କବିତା ନଥିଲା, ଗୁରୁପ୍ରସାଦଙ୍କ ପ୍ରତିଷ୍ଠାକୁ ସର୍ବାଦୃତ କରିବାରେ ଏକ ବିଶେଷ ସହାୟକ ଭୂମିକା ଗ୍ରହଣ କରିଥିଲା । "କାଳପୁରୁଷ" ହେଉଛି ଏକ ଦୀର୍ଘ କବିତା ଏବଂ ଏହା ପ୍ରଥମେ ୧୯୬୦ ଅଗଷ୍ଟ ମାସ "ପ୍ରଜ୍ଞା" ପତ୍ରିକାରେ ପ୍ରକାଶ ପାଇଥିଲା । ଏହି ଦୀର୍ଘ କବିତାର ଆବିର୍ଭାବ ପରେ ପରେ ଯେଉଁ ସବୁ ବିବାଦ ସୃଷ୍ଟି ହୋଇଥିଲା, ଏହାର ବିପକ୍ଷବାଦୀମାନେ ଏ କବିତାର ମୌଳିକତା ନେଇ ପ୍ରଶ୍ନ ଉତ୍ଥାପନ କରିଥିଲାବେଳେ, ଏହାର ସପକ୍ଷବାଦୀମାନେ "କାଳପୁରୁଷ"କୁ ଆଧୁନିକତାର ଏକ ସ୍ୱଚ୍ଛ, ସୁନ୍ଦର ନିଦର୍ଶନ କହି ଗୁରୁପ୍ରସାଦଙ୍କ ସୃଜନଶୀଳ ପରାକାଷ୍ଠା ପ୍ରତି ପାଠକଙ୍କ ଦୃଷ୍ଟି ଆକର୍ଷଣ କରିଥିଲେ । ବିପକ୍ଷବାଦୀମାନଙ୍କ କହିବା କଥା ଥିଲା, ଗୁରୁପ୍ରସାଦ ପାଶ୍ଚାତ୍ୟ କାବ୍ୟାଦର୍ଶ, ବିଶେଷକରି ଇଂରେଜୀ କବି ଟି.ଏସ୍. ଏଲିଅଟ୍‌ଙ୍କ The Waste Landକୁ ଅନ୍ଧ ଅନୁକରଣ କରି ଏକ ଦୀର୍ଘ ଇଂରାଜୀ କବିତାର "କଟକୀ ସଂସ୍କରଣ" ପ୍ରକାଶ କରିଛନ୍ତି । କେହିକେହି ନିନ୍ଦୁକ ଗୁରୁପ୍ରସାଦଙ୍କ "କାଳପୁରୁଷ"କୁ The Waste Landର "ବାମନ ଅବତାର" ବୋଲି ନିଜର ମତାମତ ରଖିଛନ୍ତି । ତେବେ ସେ ଯାହାହେଉ ପାରଂପରିକ କବିତାର ଗତାନୁଗତିକ ରୋମାଂଟିକ୍ ଭାବ ପ୍ରକାଶକୁ ପରାହତ କରି କବିତାଟି ଯେ ପାଶ୍ଚାତ୍ୟ-ଅନୁପ୍ରେରିତ ଆଧୁନିକତାର ଏକ ନୂତନ ଶିହରଣ ଓ ଉତ୍କଣ୍ଠା ସୃଷ୍ଟି କରିଥିଲା, ତାକୁ କେହି ଅସ୍ୱୀକାର କରିପାରିବେ ନାହିଁ ।

The Waste Land ସ୍ରଷ୍ଟାଙ୍କ ସହ ଗୁରୁପ୍ରସାଦଙ୍କ ପରିଚୟ ସୃଷ୍ଟି ହେଲାବେଳକୁ ଏଲିଅଟ୍‌ଙ୍କ କାବ୍ୟିକ ପ୍ରଭାବ ଓ ପ୍ରସିଦ୍ଧି ବିଶ୍ୱପ୍ରସାରୀ ହୋଇସାରିଥିଲା । ପୃଥିବୀର ଏମିତି କୌଣସି ଅଂଚଳ ନଥିଲା, ଯେଉଁଠି ସେଠାର ଆଞ୍ଚଳିକ ସାହିତ୍ୟ, ବିଶେଷ କରି କାବ୍ୟକୃତି ଓ ସମାଲୋଚନାର ଧାରା ଏଲିଅଟ୍‌ଙ୍କ ପ୍ରଭାବରେ ପଛ ପରିବର୍ତ୍ତନ କରିନଥିଲା । କୁହାଯାଏ, ଏଲିଅଟ୍ ଏମିତି ଜଣେ ସ୍ରଷ୍ଟା ଥିଲେ, ଯେ ପୃଥିବୀ ଜୟ କରିଥିଲେ, ଯଦିଓ ତାଙ୍କ କବିତାରେ ଅନୁଭୂତି ଓ ପ୍ରକାଶଭଂଗୀର ଜଟିଳତାର ଦୁର୍ଗକୁ ଭେଦ କରିବାର ସାମର୍ଥ୍ୟ ଖୁବ୍ କମ୍ ଲୋକ ହାସଲ କରିଥିଲେ । ଏପରିକି The Waste Land ଭଳି ଏକ "ଅସୀମ ରହସ୍ୟାତ୍ମକ" (infinitely mysterious) କବିତାକୁ ବୁଝିବା ଏତେ ବେଶୀ ସହଜସାଧ୍ୟ ନଥିଲା । "ପ୍ରଜ୍ଞା" ପତ୍ରିକାର ସଂପାଦକଙ୍କ ନିକଟକୁ ଏକ ଚିଠିରେ "କାଳପୁରୁଷ" ଉପରେ ଏଲିଅଟ୍‌ଙ୍କ ପ୍ରଭାବକୁ ସ୍ୱୀକାର କରିଛନ୍ତି ଗୁରୁପ୍ରସାଦ । ହେଲେ "କାଳପୁରୁଷ"ର କାବ୍ୟିକ ପରିସରକୁ ଏତେ ବେଶୀ ବ୍ୟାପକ ଓ କ୍ଲିଷ୍ଟ କରିନାହାନ୍ତି । ଏଲିଅଟ୍ ପୃଥିବୀର ବହୁ ଦେଶ, ଲେଖକ, ସାହିତ୍ୟ, ସଂସ୍କୃତି ଓ ଭାଷାକୁ ଉଦ୍ଧାର କରି ତାଙ୍କ ଏଇ ଦୀର୍ଘ କବିତାକୁ ପରିପୁଷ୍ଟ କଲାବେଳେ

ଗୁରୁପ୍ରସାଦ ଓଡ଼ିଆ ପୁରାଣ, ବିଶେଷକରି "ମହାଭାରତ"ର କେତୋଟି ଘଟଣା-ପ୍ରବାହ ଦ୍ୱାରା ଅନୁପ୍ରାଣିତ ହୋଇଛନ୍ତି।

ଗୁରୁପ୍ରସାଦ ହେଉଛନ୍ତି ପ୍ରଥମ ଓଡ଼ିଆ କବି, ଯେ ଆଧୁନିକ ମଣିଷର ନୈତିକ, ଆଧ୍ୟାତ୍ମିକ ପତନ, ତାର ଆତ୍ମିକ ସ୍ଖଳନ, ନିଷ୍ଫଳତା ଓ ନିଃସଙ୍ଗତା ଇତ୍ୟାଦିକୁ କାବ୍ୟରୂପ ଦେବା ପାଇଁ ମିଥ୍‌ର ବ୍ୟବହାର କରିଥିଲେ। ଅବଶ୍ୟ ତାଙ୍କ ପୂର୍ବରୁ ସଚ୍ଚିଦାନଂଦ କିଛି ପୌରାଣିକ କାହାଣୀ ମାଧ୍ୟମରେ ଆଧୁନିକ ମଣିଷର ଜୀବନଚିତ୍ର ଆଙ୍କିଥିଲେ, କିଂତୁ ଗୁରୁପ୍ରସାଦଙ୍କ ପରି ସେଗୁଡ଼ିକ ଏତେ ପର୍ଯ୍ୟାପ୍ତ ନଥିଲେ । ତେବେ ତାଙ୍କର ମିଥ୍ ନେଇ ପରୀକ୍ଷାନୀରିକ୍ଷା ପରବର୍ତ୍ତୀ କାଳରେ ରମାକାନ୍ତ ତାଙ୍କର "ଶ୍ରୀରାଧା" ସୀତାକାନ୍ତ "ଅଷ୍ଟପଦୀ" ଏବଂ ଏଇ ଅଳ୍ପ କିଛି ବର୍ଷ ପୂର୍ବେ ହରପ୍ରସାଦ ତାଙ୍କ "ବଂଶ" କବିତାଗ୍ରନ୍ଥରେ ମିଥ୍ ପ୍ରୟୋଗକୁ ବହୁ ବ୍ୟାପକ କରିଥିଲେ। ଏଠି ମନେରଖିବାକୁ ହେବ ଯେ, କବିତାରେ ମିଥ୍ ପ୍ରୟୋଗ କେବଳ ଓଡ଼ିଶା ବା ଭାରତରେ ସୀମିତ ନଥିଲା, ଏହା Roy Harvey Pearceଙ୍କ ଭାଷାରେ ବିଂଶ ଶତାବ୍ଦୀର ଏକ "ମୁଖ୍ୟ ସାହିତ୍ୟିକ ଫର୍ମ" (chief literary form)ର ମାନ୍ୟତା ହାସଲ କରିଥିଲା।

ଏଲିଅଟ୍‌ଙ୍କ ଦ୍ୱାରା ଅନୁସୃତ "ପୌରାଣିକ ପଦ୍ଧତି" ବା mythical methodକୁ "କାଳପୁରୁଷ"ରେ ପ୍ରୟୋଗ କରି ଅନାଦିକାଳ (antiquity) ଓ ସାଂପ୍ରତିକ (contemporary) ମଧ୍ୟସ୍ଥ ଏକ ସମାନ୍ତରାଳ ଯୋଗସୂତ୍ର ସୃଷ୍ଟିକରିଥିଲେ ଗୁରୁପ୍ରସାଦ। ତେବେ ତାଙ୍କ କବିତାରେ ଏକ ପୌରାଣିକ କାହାଣୀକୁ ଆଧୁନିକ ରୂପ ଦେଲାବେଳେ ଏଲିଅଟ୍‌ଙ୍କ ଦୋଷ ଦୁର୍ବଳତା ବିଷୟରେ ସମ୍ପୂର୍ଣ୍ଣ ସଚେତନ ଥିଲେ ଗୁରୁପ୍ରସାଦ। ଗୁରୁପ୍ରସାଦ ଜାଣିଥିଲେ, The Waste Land ଲେଖିଲାବେଳେ ଏଲିଅଟ୍ କାହିଁକି ଏତେ ବେଶି ପୃଷ୍ଠାର ଟୀକା (notes) ଯୋଗ କରିଥିଲେ ଏବଂ ବହୁବିଧ ଉତ୍ସ ଯଥା : ବାଇବେଲ୍, ସେକ୍‌ସପିଅର, ଭର୍ଜିଲ, ୱାଗ୍‌ନର ଓ ଓଭିଡ୍‌ଙ୍କ ବ୍ୟତୀତ ଗ୍ରୀକ୍, ଲାଟିନ୍, ଫ୍ରେଞ୍ଚ୍, ଜର୍ମାନ ଏପରିକି ସଂସ୍କୃତ ଭାଷାର ଉପଯୋଗ କରିଥିଲେ। କିଂତୁ "କାଳପୁରୁଷ" ରଚନା ପାଇଁ ଗୁରୁପ୍ରସାଦ ଭାଗବତ ବ୍ୟତୀତ "ମହାଭାରତ"ର କେବଳ "ମୁଶଳ ପର୍ବ"ର ଗୋଟିଏ କାହାଣୀ ଅବଲମ୍ବନ କରିଛନ୍ତି। ମହାଭାରତର କାହାଣୀ ଅନୁଯାୟୀ ମହାଭାରତ ଯୁଗ ଶେଷ ହୋଇଯାଇଛି । ପାଣ୍ଡବ ସମ୍ରାଟ ଯୁଧିଷ୍ଠିରଙ୍କ ରାଜତ୍ୱର ୩୬ତମ ବର୍ଷର ଘଟଣା : ଭଗବାନ ଶ୍ରୀକୃଷ୍ଣଙ୍କ ଦେହାବସାନ ଘଟିଛି। ସମୁଦ୍ରରେ ଦ୍ୱାରକା ଲୀନ ହେବା ସହ ସମୁଦ୍ରରେ ବଳରାମଙ୍କ ଜୀବନ ଅନ୍ତ ହୋଇଯାଇଛି। ଯାଦବକୁଳର ଧ୍ୱଂସ ଓ ବିଲୟର ପର୍ବ ଆଗତ ପ୍ରାୟ। ପ୍ରତ୍ୟେକ ଦିଗରୁ ଶୃଙ୍ଖଳା ପବନ ବହିଛି, ପବନ ବହିବା ସହ ଖଂଡ଼ ଖଂଡ଼ ପଥରମାନ ଛିଟିକି ପଡ଼ିଛନ୍ତି। ଅପ୍ରତ୍ୟାଶିତ କୁହୁଡ଼ି ଦିଗ୍‌ବଳୟକୁ ଆଚ୍ଛାଦିତ କରି ରଖିଚି । ଆକାଶରୁ ଜ୍ୱଳନ୍ତ କୋଇଲା ଖଂଡ଼ମାନ ଖସିଛନ୍ତି। ଧୂଳିଝଡ଼ରେ ଆଚ୍ଛାଦିତ ଆକାଶରେ ସୂର୍ଯ୍ୟଙ୍କ ଜ୍ୟୋତି ମଳିନ ଦିଶୁଛି। ସବୁଆଡ଼େ ଖେଳିଯାଇଛି ଭୟ ଓ ଆତଙ୍କର ଦୃଶ୍ୟ।

ଠିକ୍ ଏହି ସମୟରେ ତୀର୍ଥଯାତ୍ରାରେ ବିଶ୍ୱାମିତ୍ର, ଦୁର୍ବାସା, ବଶିଷ୍ଠ, କନ୍ୱ ଓ ନାରଦଙ୍କ ଭଳି ମୁନିଗଣ ଦ୍ୱାରକାରେ ପହଞ୍ଚିଛନ୍ତି । ମୂଲ୍ୟବୋଧହୀନ ଆତ୍ମଗର୍ବୀ କିଛି ଯାଦବ ବଂଶଜ ଯୁବକ ମୁନିମାନଙ୍କ ନିକଟରେ ପହଞ୍ଚିଛନ୍ତି। ଶାମ୍ବଙ୍କୁ ଜଣେ ଅନ୍ତସତ୍ତ୍ୱା ନାରୀ ଭଳି ସଜେଇ କିଛି ଉଦ୍‌ଭ୍ରାନ୍ତ ଯାଦବ ଯୁବକ ମୁନିମାନଙ୍କୁ ତଥାକଥିତ ଯୁବତୀ ଜଣକ କ'ଣ ପ୍ରସବ କରିବାକୁ ଯାଉଛନ୍ତି ବୋଲି ପ୍ରଶ୍ନ କରିଛନ୍ତି। କ୍ରୋଧ ଜର୍ଜରିତ କଣ୍ଠରେ ମୁନିଗଣ ଶାମ୍ବ ଏକ "ଲୌହ ମୁଶଳ" ଜନ୍ମ କରିବେ ଏବଂ ଯାହା ପରବର୍ତ୍ତୀ କାଳରେ ଯାଦବ ବଂଶର ସମୂହ ବିନାଶର କାରଣ ହେବ ବୋଲି ଭବିଷ୍ୟତବାଣୀ କରିଛନ୍ତି।

ପରଦିନ ସକାଳେ ଶାମ୍ବ ଏକ ଲୌହ ମୂଶଳକୁ ଜନ୍ମ ଦେଇଛନ୍ତି। ଘଟଣାଟି ପ୍ରଘଟ ହେଲା ପରେ ଲୌହ ମୁଶଳକୁ ଘୋରି ତାର ଚୂର୍ଣ୍ଣକୁ ସମୁଦ୍ରରେ ଫିଙ୍ଗିଦେବାର ନିର୍ଦ୍ଦେଶ ଦେଇଛନ୍ତି ତତ୍‌କାଳୀନ ମଥୁରା ନରେଶ ଉଗ୍ରସେନ।

ତେବେ ଯାଦବଙ୍କ ଆସନ୍ନ ଅବସାନକୁ ଏଡ଼େଇ ଦେବାର ସମସ୍ତ ଯୋଜନା ଜାରି ରହିଥିଲା ବେଳେ ଧ୍ୱଂସ ଓ ମୃତ୍ୟୁର ପ୍ରତୀକ ଭାବେ "କାଳପୁରୁଷ"ର ଆବିର୍ଭାବ ଘଟିଛି। ଦ୍ୱାରକା ନଗରୀର ସମସ୍ତ ଗଳିକନ୍ଦି ବୁଲି ବୁଲି ଧ୍ୱଂସଲୀଳା ଚଳୁରଖିଥିଲା ବେଳେ ଯାଦବ ଯୋଦ୍ଧାଙ୍କ ଶହଶହ ତୀର ତାଙ୍କୁ ତିଳେମାତ୍ର କ୍ଷତାକ୍ତ କରି ପାରିନାହିଁ। ଗଳିକନ୍ଦିରେ ବୁଲୁଥିବା ମୂଷାମାନେ ଶୋଇଥିବା ଲୋକମାନଙ୍କ ନଖ ଓ କେଶଗୁଡ଼ିକ ଖାଇଯାଇଛନ୍ତି।

"ମହାଭାରତ"ର ଏମିତି ଏକ ପୌରାଣିକ କାହାଣୀର ଅବତାରଣା ପଛରେ ଗୁରୁପ୍ରସାଦଙ୍କ କାହାଣୀ ବର୍ଣ୍ଣନା କରିବାର କୌଣସି ଅଭିପ୍ରାୟ ନଥିଲା। କିଂତୁ ଅତୀତ ସମୟର କୌଣସି ଏକ ଘଟଣାକୁ ବର୍ତ୍ତମାନ ବା ସାଂପ୍ରତିକ ପରିପ୍ରେକ୍ଷୀରେ ଉଦ୍ଧାର କରି ଉଭୟଙ୍କ ମଧ୍ୟରେ ଗୁଣାତ୍ମକ ସାମ୍ୟ ବା ବିରୋଧାଭାସକୁ ଚିତ୍ରଣ କରିଛନ୍ତି ଗୁରୁପ୍ରସାଦ। ସାମଞ୍ଜସ୍ୟ କିଂବା ବିରୋଧାଭାସକୁ ଅତୀତର ଯାଦବ ବଂଶର ହିଂସା, ଅପକର୍ମ, ନୈତିକ ଅଧଃପତନ ସହ ସାଂପ୍ରତିକ କଳାର କଳୁଷିତ ଜୀବନଚର୍ଯ୍ୟା, ଦୁଃଖ, କଷ୍ଟ, ଯନ୍ତ୍ରଣା ସହ ଏକ କ୍ଳୀବ, ଅଥର୍ବ ଓ ବନ୍ଧ୍ୟା ତଥା ରୋଗଗ୍ରସ୍ତ ଦୂଷିତ ସଭ୍ୟତାର ରୁଗ୍‌ଣ ମାନସିକତାର କରୁଣ ଚିତ୍ର ଆଙ୍କିବା ହେଇଚି "କାଳପୁରୁଷ" କବିତାର ଏକମାତ୍ରା ଲକ୍ଷ୍ୟ । The Waste Landର ଅଭିଶପ୍ତ Fisher Kingଙ୍କ ପରି ଅଧୁନାତନ ସମାଜର ଅଧିବାସୀ ଅଭିଶପ୍ତ ଜୀବନଯାପନ କଲାବେଳେ ସେମାନଙ୍କର ହାହାକାରର ଚିତ୍ର ଥିଲା ଏହିପରି :

ଆଜି ତେଣୁ କ୍ଳାଂତି ଯେତେ ଶୂନ୍ୟତା ଓ କାଠଯୋଡ଼ି ବାଲିର ବ୍ୟର୍ଥତା
କାଗଜର ବିବରଣ, ଶୋକସଭା, ସଂକ୍ଷିପ୍ତ ଜୀବନୀ।
ସ୍ମୃତି ସଂଖ୍ୟା ସମାଜ ବା ସ୍କୁଲ କଲେଜ ପାର୍କ ଲାଇବ୍ରେରୀ...

ତା ଆଗରୁ ତୁମେ ଓ ମୁଁ ଏହି ଦୃଷ୍ଟି ସୀମିତ ବିବର୍ଣ୍ଣ...
ଧୂସର ଆକାଶ ମଣ୍ଟି ସନ୍ଧ୍ୟା ଆସେ ଅବା ଆସେ ସାତ୍ତ୍ୱିକ ଶ୍ରାବଣ
ଆମର ଅପେକ୍ଷା ରହେ ପାର୍ଟି ଆଉ ନିର୍ବାଚନ
ଦୂଷିତ ଆତ୍ମାର ଖେଦ ଜୀବନର ଦୂଷିତ ଦୁଃସ୍ୱପ୍ନ।

The Waste Land ର ମୁଖ୍ୟ ଚରିତ୍ର Tiresias ପରି "କାଳପୁରୁଷ"ର ମୁଖ୍ୟ ଚରିତ୍ର ଥିଲେ ଇଲା। "ମହାଭାରତ"ରେ ଇଲା ହେଉଛନ୍ତି ଏମିତି ଏକ ଚରିତ୍ର ଯିଏ ଟାଆରସିଅସ୍‌ଙ୍କ ପରି ଉଭୟ ଲିଂଗୀ ଜୀବନ ଜୀଇଁବାର ଅନୁଭୂତି ପ୍ରାପ୍ତ କରିଥିଲେ। "ମହାଭାରତ"ର କାହାଣୀ ଅନୁଯାୟୀ "ମନୁସ୍ମୃତି"ର ସ୍ରଷ୍ଟା ମହାନ୍ ଋଷି ମନୁ ଏବଂ ତାଙ୍କ ପତ୍ନୀ ଶ୍ରଦ୍ଧାଙ୍କର ସେ ଥିଲେ କନ୍ୟା। ଶ୍ରଦ୍ଧା ଅନ୍ତସତ୍ତ୍ୱା ଥିଲାବେଳେ ମନୁ ଗୋଟିଏ ପୁତ୍ର-ସନ୍ତାନ ଚାହିଁଥିଲା ବେଳେ ତାଙ୍କ ପତ୍ନୀ ତାର ବିପରୀତ ଅର୍ଥାତ୍ କନ୍ୟାଟିଏ ପ୍ରାପ୍ତି ପାଇଁ ଇଚ୍ଛା କରୁଥିଲେ। କିଂତୁ ଗୋଟିଏ କନ୍ୟା ସନ୍ତାନ ଇଲାକୁ ଜନ୍ମ ଦେଇଥିଲେ ଶ୍ରଦ୍ଧା। ଇଲା ଜନ୍ମ ହୁଅନ୍ତେ ମନୁଙ୍କର ଅତ୍ୟନ୍ତ ବିମର୍ଷ ଭାବ ଲକ୍ଷ୍ୟ କରି ଭଗବାନ ବିଷ୍ଣୁ ତାଙ୍କୁ ପୁତ୍ର-ସନ୍ତାନରେ ରୂପାନ୍ତରୀତ କରିଦେଇଥିଲେ, ଯାହାଙ୍କ ନାମ ରହିଥିଲା ସୁଦ୍ୟୁମ୍ନ। ପରବର୍ତ୍ତୀ କାଳରେ ସୁକୁମାର ଅରଣ୍ୟରେ ସୁଦ୍ୟୁମ୍ନ ନାରୀରେ ପରିଣତ ହୋଇଯାଇଥିଲେ। ଏହା ଦେଖି ଶିବ ତାଙ୍କୁ ଏ ରହସ୍ୟାତ୍ମକ ଶକ୍ତି ପ୍ରଦାନ କରିଥିଲେ, ଯା'ର ଫଳ ସ୍ୱରୂପ ଇଲା ଆଶ୍ଚର୍ଯ୍ୟାତ୍ମକ ରୂପାନ୍ତର ନେଇ ଜୀବନ ନିର୍ବାହ କରୁଥିଲେ। ଇଲାଙ୍କର ଏପରି ଚରିତ୍ର ଉପସ୍ଥାପନ ପଛରେ ଏଲିଅଟଙ୍କ ଉଭୟ-ଲିଂଗୀ Tiresias ଚରିତ୍ରର ଅନୁପ୍ରେରଣା ରହିଛି ନିଶ୍ଚୟ। ଏଲିଅଟ୍‌ଙ୍କ The Waste Landରେ ଟାରେସିଆସ୍ ହେଉଛନ୍ତି ଗ୍ରୀକ୍ ପୁରାଣରେ ବର୍ଣ୍ଣିତ ଜଣେ ଅଂଧ ପ୍ରବକ୍ତା ବା Prophetö ଏକଦା ଏକ ରମଣରତ ସର୍ପ ଯୁଗଳଙ୍କୁ ବାଡ଼ିରେ ପ୍ରହାର କରିବାରୁ ସେମାନଙ୍କ ଅଭିଶାପ ସ୍ୱରୂପ ସେ ନାରୀରେ ପରିଣତ ହୋଇଥିଲେ। ଘଟଣାର ୭ବର୍ଷ ପରେ ପୁଣି ସେଇ ସର୍ପଯୁଗଳଙ୍କୁ ଦେଖି ପୁନଶ୍ଚ ପ୍ରହାର କରିବାରୁ ସେ ପୁନଶ୍ଚ ପୂର୍ବର ପୁରୁଷ ରୂପ ଫେରି ପାଇଥିଲେ। ଏଲିଅଟ୍‌ଙ୍କ ବର୍ଣ୍ଣନାରେ:

I Tiresias old man with wrinkled dugs
Perceived the scene, and foretold the rest...
... ...
(And I Tiresias have forsuffered all
Enacted on this same divan or bed;...

(The Fire Sermon)

ଗୁରୁପ୍ରସାଦ ସେହିପରି ଇଲାଙ୍କ ଉଭୟ ଲିଂଗ ବିଷୟରେ ସୂଚନା ଦେଇ ଲେଖିଛନ୍ତି :

ଏକ ଦେହେ ଜନ୍ମ ନେଲି ପୁରୁଷ ମୁଁ ସେହି ଦେହେ ନାରୀର ଶୃଙ୍ଗାର
ମୋ ପାଖେ ଏକାଠି ହେଲା ପେଣ୍ଟ କୋଟ, ଧ୍ୱଜଭଙ୍ଗ, ପ୍ରସୂତୀ ଯନ୍ତ୍ରଣା
ମୁଁ କାନ୍ଦିଲି କେତେବେଳେ ଯାଜପୁର କଟକରେ, ରାଜାଙ୍କର ଇଲା ନାମେ
ଏକମାତ୍ର ପୁତ୍ର ଓ ଦୁହିତା ;
(୩୩୩-୩୩୬)

ଉଭୟ ଟାଏରିସିଅସ୍ ଏବଂ ଇଲା ବହୁ ପ୍ରାଚୀନ କାଳର ଦୁଇ ପୌରାଣିକ ଚରିତ୍ର ହେଲେ ମଧ୍ୟ ସାଂପ୍ରତିକ କାଳ ବିଚାରରେ ସେମାନେ ଏକ ଏକ ମଣିଷଙ୍କ ଏକ ଏକ ପ୍ରତିଫଳନ ବହନ କରିଥାନ୍ତି। "କାଳପୁରୁଷ"ରେ ବ୍ୟାସଙ୍କ ବର୍ଣ୍ଣିତ ଏମିତି ଏକ ସମୟର ଅବତାରଣା କରିଛନ୍ତି, ଯେତେବେଳେ ଭଗବାନ ଶ୍ରୀକୃଷ୍ଣ ତାଙ୍କର ସୁଦର୍ଶନ ଚକ୍ର ତଥା ତାଙ୍କର ତାଳଧ୍ୱଜ ଓ ଗରୁଡ଼ଧ୍ୱଜ ଭଳି ରଥଙ୍କୁ ହରେଇ ଦେଇଛନ୍ତି। ତାଙ୍କର ପୂର୍ବର ସେ ଐଶ୍ୱରୀକ ଶକ୍ତି ଓ ସାମର୍ଥ୍ୟ ଆଉ ନାହିଁ। ଶ୍ରୀକୃଷ୍ଣଙ୍କ ନିର୍ଦ୍ଦେଶ ଅନୁଯାୟୀ ଯାଦବମାନେ ତୀର୍ଥଯାତ୍ରାରେ ପ୍ରଭାସ ଦିଗକୁ ମୁହାଇଁଛନ୍ତି, ହେଲେ ପ୍ରଭାସରେ ପହଂଚି ନାନାଦି ଅପକର୍ମରେ ଲିପ୍ତ ରହି ପରସ୍ପର ପରସ୍ପରକୁ ହତ୍ୟା କରି ବସିଛନ୍ତି। ଏହି ପ୍ରକ୍ରିୟାରେ ଯାଦବ ବଂଶ ଧ୍ୱଂସ ହେଇଯାଇଛି। ଦ୍ୱାପର ଯୁଗର ଅବସାନ ଓ କଳିଯୁଗର ଆରଂଭ ମଧ୍ୟରେ କଲ୍‌କୀଙ୍କର ଆବିର୍ଭାବ ଘଟିଛି ଏବଂ ଏକପାଦ ବିଶିଷ୍ଟ ବୃଷଭଙ୍କୁ ପ୍ରହାର କରିବାର ଦୃଶ୍ୟ କଳିଯୁଗର ସୂତ୍ରପାତ ହେଲା ବୋଲି ମନେହୋଇଛି।

"କାଳପୁରୁଷ"ରେ ମଧ୍ୟ ରାଜା ପରୀକ୍ଷିତଙ୍କୁ ନେଇ ଏକ ପୌରାଣିକ କାହାଣୀର ଅବତାରଣା କରିଛନ୍ତି ଗୁରୁପ୍ରସାଦ। ପୁରାଣର କଥାବସ୍ତୁ ଅନୁଯାୟୀ, ଦ୍ରୋଣାଚାର୍ଯ୍ୟଙ୍କ ପୁତ୍ର ଅଶ୍ୱତ୍‌ଥମା ନିଜ ପିତାଙ୍କ ମୃତ୍ୟୁର ପ୍ରତିଶୋଧ ନେବା ପାଇଁ ଏକ ବ୍ରହ୍ମାସ୍ତ୍ର ନିର୍ମାଣ କରିଥିଲେ ଏବଂ ରାଜା ପରୀକ୍ଷିତ ମାତୃଗର୍ଭରେ ଅବସ୍ଥାନ କଲାବେଳେ ସେ ଏହାକୁ ପ୍ରୟୋଗ କରିଥିଲେ। ରାଣୀ ଉତ୍ତରା ନିଜ ଗର୍ଭରେ ବ୍ରହ୍ମାସ୍ତ୍ରର ଶକ୍ତିଶାଳୀ ବିକୀରଣ ଦ୍ୱାରା ଭୀତତ୍ରସ୍ତ ହୋଇ ଶ୍ରୀକୃଷ୍ଣଙ୍କୁ ପ୍ରାର୍ଥନା କରି ନିଜ ପୁତ୍ରର ଜୀବନ ଭିକ୍ଷା କରିଥିଲେ। ଭଗବାନ ଶ୍ରୀକୃଷ୍ଣ ନିଜର ଐଶ୍ୱରୀକ ଶକ୍ତି ପ୍ରୟୋଗ କରି ମୃତ ଶିଶୁକୁ ଜୀବନଦାନ ଦେଇଥିଲେ। ହସ୍ତିନାପୁରର ସିଂହାସନ ଆରୋହଣ କଲା ପରେ ଦିନେ ରାଜା ପରୀକ୍ଷିତ ଶିକାର ଉଦ୍ଦେଶ୍ୟରେ ଜଂଗଲରେ ପହଂଚିଲେ। ଜଂଗଲରେ ତୃଷା ମେଂଟେଇବା ନିମନ୍ତେ ସେ ଏକ ଋଷିଙ୍କ କୁଟୀରରେ ପହଂଚିଲେ। ସେତେବେଳେ ଶମିକ ଋଷି ଧ୍ୟାନମଗ୍ନ ଥିବାରୁ ପରୀକ୍ଷିତଙ୍କ ଅନୁରୋଧକୁ

ରକ୍ଷା କରିପାରିନଥିଲେ । ତୃଷାତୁର ରାଜା କ୍ରୋଧର ବଶବର୍ତ୍ତୀ ହୋଇ ନିଜ ଧନୁର ଅଗ୍ରଭାଗରେ ଏକ ମୃତ ସର୍ପକୁ ଉଠାଇ ଋଷିଙ୍କ ବେକରେ ଝୁଲେଇ ଦେଇଥିଲେ । ଋଷିଙ୍କ ପୁତ୍ର ଶୃଙ୍ଗୀ ପିତାଙ୍କ ଏତାଦୃଶ ଅପମାନ ସହି ନପାରି ଏହାର ସାତ ଦିନ ଭିତରେ ତକ୍ଷକ ତାଙ୍କୁ ଦଂଶନ କରିବ ବୋଲି ଅଭିଶାପ ଦେଇଥିଲେ । ଏହା ଶୁଣି ଆତଙ୍କିତ ରାଜା ଏକ ବିଶାଳ ଖଂବ ଠିଆ କରି ତା' ଉପରେ ନିଜର ଏକ ପ୍ରାସାଦ ନିର୍ମାଣ କରିଥିଲେ ଏବଂ ତକ୍ଷକ ଭୟରେ ଏହା ଭିତରେ ଲୁଚି ରହିଥିଲେ । ତେବେ ତକ୍ଷକ ଗୋଟିଏ ସଦ୍ୟ ଫଳରେ କ୍ଷୁଦ୍ର ପୋକ ଭଳି ଲୁଚି ରହି ପ୍ରାସାଦରେ ପ୍ରବେଶ କରିଥିଲେ ଏବଂ ରାଜାଙ୍କ ସାମ୍ନାରେ ନିଜ ରୂପ ଧାରଣ କରି ପରୀକ୍ଷିତଙ୍କୁ ଦଂଶନ କରିଥିଲେ ।

ରାଜା ପରୀକ୍ଷିତଙ୍କ ମିଥ୍ ବ୍ୟବହାର କରି ଗୁରୁପ୍ରସାଦ ଭୟାର୍ତ୍ତ ଆଧୁନିକ ମଣିଷର ମୃତ୍ୟୁ ପ୍ରତି ଭୟ ଓ ଆତଙ୍କର ଚିତ୍ର ଉତ୍ତୋଳନ କରିଛନ୍ତି । ଧର୍ମ ଓ ବିଶ୍ୱାସର ପ୍ରତିରୂପ ଜଣେ ଋଷିଙ୍କୁ ଅପବିତ୍ର କରିବା ଭଳି ଏକ ଭୟଙ୍କର ପାପ ପାଇଁ ତାଙ୍କୁ ଯେ ଶାସ୍ତି ଭୋଗିବାକୁ ପଡ଼ିବ ଏଥିରେ ସନ୍ଦେହ ନାହିଁ । ତଥାପି ନିଶ୍ଚିତ ମୃତ୍ୟୁର କରାଳ ବ୍ୟୁହରୁ ପଳାୟନ କରି ବେଶୀବେଶୀ ମୃତ୍ୟୁର ନିକଟବର୍ତ୍ତୀ ହେଇଥିବା ଜଣେ ଅଭିଶପ୍ତ ଚରିତ୍ର କେମିତି ବା ମୃତ୍ୟୁର ନାଗଫାଶରୁ ନିଜକୁ ମୁକ୍ତ କରିପାରିବ ? ଏକପାଦ ବିଶିଷ୍ଟ ବୃଷଭର ଆବିର୍ଭାବ ତଥା ତାର କରୁଣ ଚିତ୍କାରକୁ କେମିତି ବା ଏଡ଼େଇ ପାରିବେ ରାଜା ? ତେଣୁ "କାଳପୁରୁଷ"ର କାବ୍ୟପୁରୁଷଙ୍କୁ କ୍ଷୋଭର ସହ କହିଛନ୍ତି -

ଆହେ ରାଜା ପରୀକ୍ଷିତ, ତକ୍ଷକର ଦଂଶନେ ତୁମର
ଦେହାନ୍ତ ହେଲା ଓ ରାଜା ପ୍ରାୟଶ୍ଚିତ ଗୋଟିଏ ପାପର
କିନ୍ତୁ ମୋର ସମ୍ମୁଖରେ ଏ ଚରିତ୍ର ଏକପାଦ ବିଶିଷ୍ଟ ବୃଷଭ
ପୁଣି ଏକ ଭଦ୍ରଲୋକ ଧଳା ଧୋତି ପଞ୍ଜାବୀ ଓ
ଧଳା ଟୋପି ଧଳା କାର୍ ବର୍ଣ୍ଣ ପୁଣି ଈଷତ୍ ପିଙ୍ଗଳ
ଯଷ୍ଟିର ଆଘାତ ଆଉ ବୃଷଭର ଆର୍ତନାଦ...
ଏ କାକତୀର୍ଥରେ ରାଜା ଶେଷକ୍ରିୟା ସମାପ୍ତ ତୁମର ।।

(୩୩୭-୩୪୩)

"କଲ୍‌କୀ ପୁରାଣ"ରେ ବୈଶାଖ ଶୁକ୍ଳ ପକ୍ଷ ଦ୍ୱାଦଶ ଦିବସରେ କଲ୍‌କୀ ଅବତୀର୍ଣ୍ଣ ହୋଇଥିବାରୁ (କଲ୍‌କୀ ପୁରାଣ ୧:୨:୧୫) ଏବଂ ଭଗବାନ ଶିବ ତାଙ୍କୁ ଐଶ୍ୱରୀକ ଧଳା ଘୋଡ଼ା ଏବଂ ରତ୍ନସରୁ ନାମକ ଏକ ଖଡ୍‌ଗ ଉପହାର ଦେଇଥିବାରୁ

"କାଳପୁରୁଷ"ରେ "ଧଳା ଧୋତି", ଧଳା ପଞ୍ଜାବୀ, ଧଳା ଟୋପି" ଓ "ଧଳା କାର୍"ର ବ୍ୟବହାର ଖୁବ୍ ପ୍ରାସଂଗିକ ମନେହୁଏ।

ଆଧୁନିକ ମଣିଷଙ୍କ ଈଶ୍ୱରହୀନ, ଧର୍ମରହିତ ଜୀବନଶୈଳୀ ପ୍ରାଚୀନ କାଳର ରାଜା ପରୀକ୍ଷିତଙ୍କ ମୃତ୍ୟୁଭୟ ଏବଂ ମୃତ୍ୟୁଜନିତ କାତର ପ୍ରତିକ୍ରିୟାକୁ ସ୍ମରଣ କରିଥାଏ। ଗୁରୁପ୍ରସାଦଙ୍କ ବର୍ଣ୍ଣନାରେ ଆଧୁନିକ ମଣିଷ ଆଧ୍ୟାତ୍ମିକ ଅନୁଭବଠାରୁ ବହୁ ଦୂରରେ ଯେଉଁଠି ଜୀବନ ନିର୍ବାହ କରୁଛି ସେଇଟି ହେଲା ଏଲିଅଟ୍‌ଙ୍କ ଭାଷାରେ ଏକପ୍ରକାର wasteland ବା ପୋଡ଼ାଭୂଇଁ। ଈଶ୍ୱରଙ୍କ ପଦଧ୍ୱନି ପରାହତ ଏ ପୋଡ଼ାଭୂଇଁ ହିଁ ସମାଲୋଚକ Widmund Wilsonଙ୍କ ଭାଷାରେ ଏକପ୍ରକାର spiritual drouth ଅର୍ଥାତ୍ ଆଧ୍ୟାତ୍ମିକତାର ମରୁଭୂମି। ଏଲିଅଟ୍‌ଙ୍କ ଚିତ୍ରଣରେ ଏ ମରୁଭୂମି ଖାଲି ବାଲି ଓ କଙ୍କରରେ ଭର୍ତ୍ତି ହୋଇ ବର୍ଷାର ଶୀତଳ ସ୍ପର୍ଶରୁ ବହୁ ଦୂରରେ ଥାଏ। ଏଲିଅଟ୍‌ଙ୍କ ବର୍ଣ୍ଣନାରେ :

... no water but only rock
Rock and no water and the sandy road
The road winding above among the mountains
Which are mountains of rock without water.

("What The Thunder Said")

ଏଲିଅଟ ତାଙ୍କ ପୋଡ଼ାଭୂଇଁ ଚିତ୍ରଣ କଲାବେଳେ ସେ ଏମିତି ଏକ ଅଂଚଳର ପରିକଳ୍ପନା କରିଛନ୍ତି, ଯେଉଁଠି ବର୍ଷାର ସଂଭାବନା ଆଦୌ ନାହିଁ କହିଲେ ଚଳେ। ବର୍ଷାହୀନ ମଣିଷ ଆତ୍ମାଟି ଏଠି ଏକ ପ୍ରକାର ଅଭିଶପ୍ତ ଜୀବନ ବଂଚିବାକୁ ବାଧ୍ୟ, ହୁଏତ ସେ ପୋଡ଼ାଭୂଇଁର ହିମବନ୍ତ ଉପରେ ଖଂଡ଼ ଖଂଡ଼ ବାଦଲଙ୍କ ଜମିବାର ଦୃଶ୍ୟ ଦେଖିପାରେ, ଦୂରନ୍ତ ବଜ୍ରର ଶବ୍ଦ ଶୁଣିପାରେ, କିଂତୁ ବର୍ଷାର ଶୀତଳ କୋମଳ ସ୍ପର୍ଶରୁ ବହୁ ଦୂରରେ ଥାଏ। ଗୁରୁପ୍ରସାଦଙ୍କ ପୋଡ଼ାଭୂଇଁ କିଂତୁ ଏତେ ବେଶୀ ନିଷ୍ଠୁର କିଂବା ନିର୍ମମ ନୁହେଁ:

ବର୍ଷା ଋତୁ ନିଷ୍ଠୁର ନିର୍ମମ, ଫୁଟାଇ ରଂଗଣି ଫୁଲ ଖତକୁଢ଼
କାନ୍ଥ ବାଡ଼ ମୂଳେ, ହାଡ଼ରେ ଥରାଇ ରସ, ମାଟି ତଳେ ଚେରମୂଳ ଟାଣି
ବର୍ଷା ପଡ଼େ ବର୍ଷା ପଡ଼େ ଝରି, ଥରାଇ ମୁମୂର୍ଷୁ ଆତ୍ମା ଥୁଣ୍ଟା ଗଛ
ଶିଅ ମୂଳେ ମୂଳେ, ବର୍ଷା ପଡ଼େ ଝରି ଝରି ଅସରନ୍ତି ବର୍ଷା ପଡ଼େ ଝରି।

(୧-୪)

ପୃଥିବୀର ନାନାଦି ଖତକୁଢ଼ ପରିପୂର୍ଣ୍ଣ କାନ୍ଥବାଡ଼ ମୂଳରେ ଫୁଟିଥିବା ରଂଗଣି ଫୁଲଙ୍କ ଫୁଆରା ଭିତରେ ଗୁରୁପ୍ରସାଦଙ୍କ କାବ୍ୟପୁରୁଷ ନିଷ୍ଠୁର ବର୍ଷାର ଦୃଶ୍ୟ ଉପଭୋଗ କରିପାରିଛି ।

"ବେଦ"ର ଏକ ଅବତାରଣା ଅନୁଯାୟୀ, ଏକଦା ବହୁ ବର୍ଷ ଧରି ବର୍ଷା ନହେବାରୁ ଜଳହୀନ ହୋଇ ଶୁଷ୍କ ମାଟି ଫାଟିଗଲା । ରତ ନାମକ ଜଣେ ଦେବତା ପୃଥିବୀକୁ ତା ଶୁଷ୍କତାରୁ ରକ୍ଷା କରି ଏହାକୁ ଶ୍ୟାମଳ ଶସ୍ୟରେ ପରିପୂର୍ଣ୍ଣ କରି ଦେଇଥିଲେ । ସୁତରାଂ ଭାରତୀୟ ସଂସ୍କୃତିରେ ଜନ୍ମ ଏବଂ ପୁର୍ନଜନ୍ମକୁ ପ୍ରତୀକାତ୍ମକ କରି ଉର୍ବରତା ଜନିତ ଧର୍ମ ବିଶ୍ୱାସ (fertility cult) ସହ ଯୋଡ଼ିହୋଇଥାଏ ବର୍ଷା । "କାଳପୁରୁଷ"ରେ ବର୍ଷା "ନିଷ୍ଠୁର" ବା "ନିର୍ମମ" ହେବାର ପଶ୍ଚାତ୍‌ଭାଗରେ କାଳପୁରୁଷଙ୍କ ଆଗମନ ଜନିତ ଭୟାବହତା ଥାଇପାରେ ବୋଲି ମନେହୁଏ । ତଥାପି ବର୍ଷାକୁ ସବୁବେଳେ ଏକ ନକାରାତ୍ମକ ଅନୁଭବ ଭାବେ ଗ୍ରହଣ କରିନାହାନ୍ତି ଗୁରୁପ୍ରସାଦ । ତାଙ୍କ ଏଇ ଦୀର୍ଘ କବିତାରେ ଅନେକ ସମୟରେ "ଆଶା", "ସ୍ୱପ୍ନ" ଓ "ସମ୍ଭାବନା"ର ପ୍ରତୀକ ଭାବେ ଠିଆହେଇଚି ବର୍ଷା :

କ) ଏ ବର୍ଷାରେ ଆଶା ଅଛି, ଆଶୀର୍ବାଦ ଅଛି ସ୍ୱାସ୍ଥ୍ୟ ନିରୋଗ ବିଶ୍ରାମ
ନିଘୋଡ଼ ଅନ୍ଧାର ତଳେ ଅଛି ବୁଢ଼ି ଅସୁରୁଣୀ ଭୂତ କଥା ବାଘ
କଥା ଅଛି ବୁଢ଼ି ମାଆ
ଏ ବର୍ଷାର ଦେହ ତଳେ ଅଛି ଧାନକ୍ଷେତ ଅଛି ଅଛି ଆମ୍ବତୋଟା ।
(୮୮-୯୦)

ଖ) ଶ୍ରାବଣ ଆକାଶ ନଏଁ ଭାରିହୋଇ, ଆସେ ଆଶା ଆସେ ଅଭିସାର । (୧୦୨)

ଗ) ... ବାହାରେ ବର୍ଷାର ଡାକ ନୂଆ ଛବି ଆଜି ସିନେମାରେ । (୧୧୬)

ଏଲିଅଟଙ୍କ କବିତାର ଆରଂଭରେ ଏପ୍ରିଲ୍ (ଅର୍ଥାତ ୟୁରୋପରେ ଋତୁରାଜ ବସନ୍ତର ରାଜତ୍ୱ) ସମୟରେ ଏହାକୁ cruellest ଅର୍ଥାତ୍ ଅତ୍ୟନ୍ତ ନିଷ୍ଠୁର, ନିର୍ମମ କହିବା ପାଇଁ ଐତିହାସିକ ଘଟଣା ତାଙ୍କୁ ବାଧ୍ୟ କରି ଥାଇପାରେ । କାରଣ ସାରା ପୃଥିବୀକୁ ପ୍ରଭାବିତ କରିଥିବା ବିଶ୍ୱଯୁଦ୍ଧର ବିଭୀଷିକା, ମୃତ୍ୟୁ, ହାହାକାର ଓ ଆତଙ୍କ ଏଲିଅଟଙ୍କ କବିପ୍ରାଣକୁ ଆନ୍ଦୋଳିତ କରିଥିବ ନିଶ୍ଚୟ । ଯୁଦ୍ଧ ପରବର୍ତ୍ତୀ କିଛି ଜଟିଳ ଓ ବିଷାଦଗ୍ରସ୍ତ ସମୟକୁ ବ୍ୟକ୍ତ କଲାବେଳେ ଏଲିଅଟଙ୍କ ଅନୁଭୂତିର ଗଭୀରତା ପୃଥିବୀର ଅନ୍ୟାନ୍ୟ କବିଙ୍କୁ କେତେ ଛୁଇଁଥିବ, ତାହା ଗବେଷଣା ସାପେକ୍ଷ । କିଂତୁ ଏହା ସତ୍ୟ, ଗୁରୁପ୍ରସାଦ ଯୁଦ୍ଧବିଧ୍ୱସ୍ତ ୟୁରୋପୀୟ ଲୋକଙ୍କ ହତାଶାବୋଧର ତୀବ୍ରତା ଏତେ ପର୍ଯ୍ୟାପ୍ତ ଭାବେ

ଅନୁଭବ କରିନଥିଲେ ମଧ୍ୟ, ସ୍ୱାଧୀନତା ପରବର୍ତ୍ତୀ ଭାରତୀୟ ତଥା ଓଡ଼ିଆ ଲୋକଙ୍କ ଜଟିଳ ଜୀବନ-ନିର୍ବାହ ଶୈଳୀ, ସେମାନଙ୍କ ଦୁଃଖ, ଯନ୍ତ୍ରଣା ଏବଂ ଉଦାସବୋଧକୁ ପରିବେଷଣ କରିବାରେ କୌଣସି ଅସୁବିଧାର ସମ୍ମୁଖୀନ ହୋଇନାହାନ୍ତି। ସାମାଜିକ ଅବକ୍ଷୟ, ନୈତିକ ଅଧପତନ, ଚାରିତ୍ରିକ ସ୍ଖଳନ ଇତ୍ୟାଦିକୁ ନିକଟରୁ ବା ଦୂରରୁ ପର୍ଯ୍ୟବେକ୍ଷଣ କରି "କାଳପୁରୁଷ"ରେ ବାରଂବାର ପ୍ରଶ୍ନ କରିଛନ୍ତି :

ରାମକୃଷ୍ଣ ମିଶନରୁ କେତେ ବାଟ ଏମାର ମଠକୁ ?

ଏଠାରେ ରାମକୃଷ୍ଣ ମିଶନ ଏବଂ ଏମାର ମଠ ଏମିତି ଦୁଇଟି ଧାର୍ମିକ ଅନୁଷ୍ଠାନକୁ ପ୍ରତୀକ ଭାବେ ଗ୍ରହଣ କରି ଏକ ନିଷ୍ଠୁର ଅବସ୍ଥାନ୍ତରକୁ ଇଂଗିତ କରିଛନ୍ତି ଗୁରୁପ୍ରସାଦ। ଏକଦା ପ୍ରାୟ ଦୁଇଶ ବର୍ଷର ପ୍ରାଚୀନ ଏମାର ମଠରେ ଆଧ୍ୟାତ୍ମିକ ପରିବେଶ ଓ ପ୍ରାଚୁର୍ଯ୍ୟକୁ ନେଇ ଓଡ଼ିଆ ଜାତି ଗର୍ବ ଅନୁଭବ କରୁଥିଲା। କିନ୍ତୁ ଆଜି ଏହାର ଚାରିକାନ୍ଥ ଭିତରେ ଅସାଧୁ ମହନ୍ତ ଓ ଅସାମାଜିକ ବ୍ୟକ୍ତି ବିଶେଷଙ୍କ ଆଡ୍‌ଡାସ୍ଥଳ ପାଲଟିଛି ଏବଂ ଧର୍ମ ନାଆଁରେ ମିଛ ସ୍ୱପ୍ନ ଦେଖାଇ ଭକ୍ତଙ୍କୁ ଶୋଷଣ କରିବାରେ ଲାଗିଛନ୍ତି। ତେବେ ରାମକୃଷ୍ଣ ମିଶନ ଭଳି ଏକ ପ୍ରଗତିଶୀଳ ଧର୍ମୀୟ ଅନୁଷ୍ଠାନ ବର୍ତ୍ତମାନର ଅବକ୍ଷୟଗ୍ରସ୍ତ ସମୟ ଚାପରେ ଏହା ଧ୍ୱଂସ ଓ ପତନ ପଥରେ ଗତିଶୀଳ ହେବନି, କିଏ କହିବ ? ଏପରି ଚିନ୍ତା କରି ଅତ୍ୟନ୍ତ ଆଶଙ୍କାଗ୍ରସ୍ତ ତଥା ଅତୀବ ସନ୍ଦିହାନ ହୋଇ ପଡ଼ିଛନ୍ତି କବି, ଏଣୁ ନିରାଶା ଓ ହତାଶାରେ ଜର୍ଜରିତ ଦୁଃଖରେ ଭାଂଗି ପଡିଛନ୍ତି :

ଜେଲ୍‌ଖାନା ପାଚିରୀରେ ଆଉଜାଇ ପିଠି ମୋର ଚାପିରଖି ରୁମାଲ୍ ଆଖିରେ
ମୁଁ କାନ୍ଦିଲି ଯେତେବେଳେ ପିତୃମାତୃ ବନ୍ଧୁହାନି ଆୟୁକ୍ଷୟ ବଂଶ କ୍ଷୟ
ଦେଶବାସୀ କ୍ଷୟ ପୁଣି ଧନଜନ ଲକ୍ଷ୍ମୀ କ୍ଷୟ ଧର୍ମ ପୁଣି ଗୋବ୍ରାହ୍ମଣ କ୍ଷୟ
ମୁଁ କାନ୍ଦିଲି ଯେତେବେଳେ ସମୟର ଶବ୍ଦ ବାରି
ଜରାମୃତ୍ୟୁ ବ୍ୟାଧି ପୁଣି ବ୍ୟାଧି ଆଉ ଘାତକର ଭୟ।

ଆଧୁନିକ କାଳର ପୋଡ଼ାଭୂଇଁରେ ଅଧପତନ କେବଳ ଏମାର ମଠ ଭିତରେ ସୀମିତ ହୋଇ ରହିନାହିଁ, ଏହା ମଣିଷର ମାନସିକ, ଆଧ୍ୟାତ୍ମିକ, ସାମାଜିକ ଏହିଭଳି ସମସ୍ତ ଚେତନାରେ ବିକ୍ଷିପ୍ତ ହୋଇରହିଛି। ଏକଦା ବୋଧିଦ୍ରୁମ, ଯାହା ତଳେ ଗୌତମ ବୁଦ୍ଧ ଦିବ୍ୟଜ୍ଞାନ ଆହରଣ କରିଥିଲେ, ଆଜି ଏହା ଏବେ "ନିରର୍ଥକ ଆତ୍ମହତ୍ୟା, ନିରର୍ଥକ ଯେତେ ଅପବ୍ୟୟ"ର କେନ୍ଦ୍ରସ୍ଥଳ ପାଲଟିଯାଇଛି। ଶୃଙ୍ଗୀ ଋଷିଙ୍କ ଅଭିଶାପର ଫଳଶ୍ରୁତି ସ୍ୱରୂପ ଏକପାଦବିଶିଷ୍ଟ ବୃଷଭ ସାମ୍ନାରେ ଠିଆହୋଇଛି ଏବଂ ଯଷ୍ଟିର ଆଘାତରେ ଆର୍ତ୍ତନାଦ କରୁଛି:

କିଂତୁ ମୋର ସମ୍ମୁଖରେ ଏ ଚରିତ୍ର ଏକପାଦ ବିଶିଷ୍ଟ ବୃଷଭ
...   .
ଯଷ୍ଟିର ଆଘାତ ଆଉ ବୃଷଭର ଆର୍ତ୍ତନାଦ
ଏ କାକତୀର୍ଥରେ ରାଜା ଶେଷକ୍ରିୟା ସମାପ୍ତ ତୁମର ।।
(୩୩୯, ୩୪୨-୩୪୩)

।।୫।।

"କାଳପୁରୁଷ" କବିତାର ଆତ୍ମିକ ଅଗ୍ରଗତିରେ "ପ୍ରେମ" ଅନ୍ୟତମ ମୁଖ୍ୟ ବିଭବ ବୋଲି ମନେ କରାଯାଏ । ଗୁରୁପ୍ରସାଦଙ୍କ ପ୍ରେମିକମାନେ ପ୍ରେମକୁ ତାର ପାରମ୍ପରିକ ଅର୍ଥରେ ଗ୍ରହଣ କରନ୍ତି ନାହିଁ । ସେମାନେ ହୁଏତ ପ୍ରେମ କରନ୍ତି, ବେଳେବେଳେ ପ୍ରେମକୁ ଯୌନ ପିପାସାର ଏକ ବିକଳ୍ପ ବିଭବ ବୋଲି ମନେକରନ୍ତି, କିନ୍ତୁ ପ୍ରେମରେ ପରିପୂର୍ଣ୍ଣତା ପ୍ରାପ୍ତି ପାଇଁ ଆଶା ପୋଷଣ କରନ୍ତି ନାହିଁ । କେବେକେବେ ପ୍ରେମରେ ନିଷ୍ଫଳତା ଦ୍ୱାରା ପେଷି ହେଇ Gerontion ପରି କହନ୍ତି : "I have lost my passion" । ସେଇଥିପାଇଁ ବୋଧହୁଏ ଏଲିଅଟ୍‌ଙ୍କ Sweeny ପରି ଯୌନକ୍ରିୟାରେ ନାରୀଟିକୁ ଖୁସି କରିବାର ସାମାନ୍ୟତମ ସାମର୍ଥ୍ୟ ରଖନ୍ତି ନାହିଁ । ଉଦାହରଣ ସ୍ୱରୂପ ଗୋବର ଗଣେଶ, ଯିଏ କେବଳ ବାହ୍ୟ ଆଡ଼ମ୍ବରରେ ରୁଚି ରଖିଥାଏ, ପ୍ରେମର ଶାଶ୍ୱତ ଅନ୍ତର୍ନିହିତ ମୂଲ୍ୟବୋଧକୁ ବୁଝିପାରେନି, ସେଥିପାଇଁ କୁହେ :

... ଅକ୍ଲାନ୍ତ ମୁଁ ଚେଷ୍ଟା କରେ ହେବାକୁ ଚିକ୍‌କଣ
ରୁମାଲରେ ମୁହଁ ପୋଛେ ପଞ୍ଜାବୀରେ ଲଗାଏ ଅତର
ଆଗରେ ଆରିଶି ରଖି ମୁଲାଏମ୍ ହସିବାକୁ ଶିଖେ ।

କେବଳ ସେତିକି ନୁହେଁ, "ମନର ବିକୃତି ମୋର ଏହି ଦେହ ମନର ବିକାର"ର ସୀମା ସରହଦକୁ ଅତିକ୍ରମ କରିପାରେନି ଗୋବର ଗଣେଶ । ଶରୀର ସର୍ବସ୍ୱ ଚରିତ୍ରଟି କେବଳ ଶରୀରର ବନ୍ଦ କୋଠରୀ ଭିତର 'ଗୁପ୍ତ' ଇତିହାସର ପୃଷ୍ଠା ଲେଉଟାଇବାକୁ ଯାଇ କୁହେ:

ମୁଁ ଚାହିଁବି ତା ଓଠକୁ, ବ୍ଲାଉଜ୍ ତଳକୁ
ଖୋଜିବାକୁ, ବୁଝିବାକୁ ଗୁପ୍ତ ସେଠି ଯେତେ ଇତିହାସ
ଘଣ୍ଟାକ ଆଗରୁ ।

ପରିଶେଷରେ ସେତିକି ମଧ୍ୟ ହାସଲ କରି ନପାରି ଏବଂ ସେଥିପାଇଁ ସାମାନ୍ୟତମ 'ସାହସ' ଜୁଟାଇ ନପାରି "ଆଜି ଯାଏ ହୋଇନି ସମ୍ଭବ"ର ଗ୍ଲାନିରେ କ୍ଷତବିକ୍ଷତ ହୋଇଯାଏ। ଶେଷରେ ଆତ୍ମ-ସଚେତନ ପ୍ରେମିକଟି ଅତ୍ୟନ୍ତ କ୍ଷୋଭ ସହ ଘୋଷଣା କରେ :

ମୁଁ ତାକୁ ପଚାରିନାହିଁ କରିନାହିଁ କେବେ ମୁଁ ସାହସ
ମୁଁ ଗଣିଛି ଗୋଟି ଗୋଟି ପତ୍ରଝଡ଼ା ମିନିଟ୍ ହାତରେ
ଛୁଇଁଛି ମୁଁ ଗୋଲ ଛାତି ତାର
ବୁଝୁଛି ମୁଁ ଭ୍ରମରର ଲୋଭ
ତଥାପି, ତଥାପି କିଛି ଆଜିଯାଏ ହୋଇନି ସମ୍ଭବ।

ଏଠାରେ କାବ୍ୟପୁରୁଷ ତାର ନିଭୃତ ଯୌନ-ଆବେଦନକୁ କେତୋଟି ନିର୍ବାଚିତ ଶବ୍ଦ ମଧ୍ୟରେ ବାଂଧି ରଖିଛି, ହୋଇପାରେ ସେ ଯୌନକ୍ରିୟା ଦ୍ୱାରା ନାରୀଟିକୁ ଖୁସି କରିବା ପାଇଁ ଅସମର୍ଥ କିମ୍ବା ରକ୍ଷଣଶୀଳ ସାମାଜିକ ବିଧିବ୍ୟବସ୍ଥାରେ ପରସ୍ତ୍ରୀ ବା ନାରୀ ସହ ଅନଧିକୃତ ଯୌନକ୍ରିୟାରେ ଲିପ୍ତ ରହିବା ଗ୍ରହଣୀୟ ନୁହେଁ। ଠିକ୍ ସେହିପରି ନାରୀଟିଏ ପାଇଁ ପବିତ୍ର ପ୍ରେମ-ସଂପର୍କରେ ବିଶ୍ୱାସଘାତକତା ମଧ୍ୟ ଶାସ୍ତ୍ର ସମ୍ମତ ନୁହେଁ, ସେଥିପାଇଁ କାବ୍ୟପୁରୁଷଟି ନାରୀଟିକୁ ଅସତୀ ହେବାର ପରିଣାମ କୁମ୍ଭୀପାକ ନର୍କ ବୋଲି ଚେତେଇ ଦେଇଛି :

ଜାଣିଚ ଟି କୁମ୍ଭୀପାକ ନରକରେ ଅସତୀର ଦଶା
ଜାଣିଚ ଟି ପରିଣାମ ରତ ହେଲେ ପରପୁରୁଷରେ
ଦାଢ଼ି ମୋର କଣ୍ଟାଳିଆ ତା ଫୋଡ଼ି ହୋଇଯାଏ।

ଗୁରୁପ୍ରସାଦ ଅପାରଂପରିକ କବିତା ରଚନା କଲାବେଳେ ଏମିତି ସବୁ ଆଧୁନିକ ନାରୀ ଓ ପୁରୁଷଙ୍କୁ ତାଙ୍କ କବିତା ପରିସରଭୁକ୍ତ କରିଛନ୍ତି, ଯେଉଁମାନେ ସମାଜର କୌଣସି ଭଲ-ମନ୍ଦ, ନୀତି-ଅନୀତି, ଧର୍ମ-ଅଧର୍ମଜନିତ ପ୍ରତିବଂଧକର ଅର୍ଥ ବୁଝନ୍ତି ନାହିଁ। ଇଂଜିନିଅର ସ୍ମାର୍ତ୍ତ ଦାସ, ବ୍ୟବସାୟୀ ବୋଷ ବାବୁ, ଡେପୁଟି କଲେକ୍‌ଟର ରାମୁଙ୍କ ଭଳି କିଛି ପୁରୁଷ ଚରିତ୍ର ହୁଅନ୍ତୁ କିମ୍ବା ପ୍ରତିମା, ମିନତୀ, ମିରାଙ୍କ ପରି ନାରୀ ଚରିତ୍ର- ଏମାନଙ୍କ ଜୀବନଚର୍ଯ୍ୟା କୌଣସି ନୈତିକ ମୂଲ୍ୟବୋଧ ଦ୍ୱାରା ପରିଚାଳିତ ନୁହନ୍ତି। ଏମାନେ ଜଣେଜଣେ ଇଂରେଜୀରେ କହିଲେ ଏକ ପ୍ରକାର social type, ଜଣେ ଜଣେ ସାମାଜିକ, ସାଂସ୍କୃତିକ

ଓ ନୈତିକ ଅବକ୍ଷୟ ବା ଅଧପତନର ପ୍ରତୀକ। ଏସବୁ ମଧ୍ୟବିତ୍ତ ଶ୍ରେଣୀର ପୁରୁଷଙ୍କ ପାଇଁ ନାରୀଟିଏ ଏକ ବାରନାରୀର ପ୍ରତିରୂପ – a woman of loose vitrue। ଏଲିଅଟଙ୍କ ଘରବାଡ଼ି ଏଜେଣ୍ଟଙ୍କ କିରାଣୀଙ୍କ ସହ ଜଣେ ଅଫିସ୍ ଫେରନ୍ତା ଟାଇପିଷ୍ଟ ଝିଅଙ୍କ ଯୌନକ୍ରିୟା ଆଧାରରେ ଗୁରୁପ୍ରସାଦ ବ୍ୟବସାୟୀ ବୋଷ ବାବୁଙ୍କର ଜଣେ ଗରିବ ଝିଅସହ ବଳତ୍କାର ଦୃଶ୍ୟ ସଂଯୋଜିତ କରିଛନ୍ତି। ଗୁରୁପ୍ରସାଦଙ୍କ କବିତାରେ ଗରିବ ଝିଅଟି ଏକାକୀ ଥିବାର ସୁଯୋଗ ନେଇ ବ୍ୟବସାୟୀ ଜଣକ ତା ଘରକୁ ଯାଇଛନ୍ତି। ଯେତେବେଳେ ବାପା ଅଫିସରେ, ରୋଗଗ୍ରସ୍ତ ଭାଇ ଡାକ୍ତରଖାନା ଏବଂ ମାଆ ଋଣ ଅନ୍ୱେଷଣରେ ଘର ବାହାରେ ରହିଛନ୍ତି। ବୋଷବାବୁଙ୍କ ଯୌନଶୋଷଣ ଜନିତ ଅପକର୍ମକୁ ନୀରିହ ଝିଅଟି ରୋକିପାରି ନାହିଁ, ତାଙ୍କର ଅମାପ ଅର୍ଥନୈତିକ ଶକ୍ତି ଆଗରେ ଝିଅଟିର ଦାରିଦ୍ର୍ୟ ହାର ମାନି ଯାଇଛି ଏବଂ ଏକ ଅନିୟନ୍ତ୍ରିତ ମାନସିକ ଯନ୍ତ୍ରଣା ସତ୍ତ୍ୱେ ସେ ନିଜର ଧବଳ ସତୀତ୍ୱକୁ ଯନ୍ତ୍ରବତ୍ ସମର୍ପଣ କରିଦେଇଛି। ପରିଶେଷରେ ଅତ୍ୟନ୍ତ ଦୁଃଖ ଓ କ୍ଷୋଭର ସହ କହିଚି :

ଅରଣ୍ୟର ଅଜଗର ମୁଁ ରହେ ଅଥର୍ବ ସ୍ଥିର
ମୁଁ ସହେ କଷଣ ଲକ୍ଷ ଦେହ ଆଉ ମନ ଓ ଆତ୍ମାର
ମୋ ଦେହର ଗନ୍ଧ ପୁଣି ପୁଷ୍ପବତୀ ଗଣିକାର
ଚନ୍ଦ୍ରଭାନୁ ହୁଂକାର ଓ ଇଷିକାର ଲାବଣ୍ୟବତୀର
ଗୋମାଂସର ଗନ୍ଧ ପୁଣି ମଦ ମତ୍ସ୍ୟ ଗନ୍ଧ
ମୋ ଦେହରେ ପୃଥିବୀର ଯାଯାବର ଆଲୋକ ଅନ୍ଧାର। (୨୧୦-୨୧୫)

ଝିଅଟି ନିଜକୁ 'ଅରଣ୍ୟର ଅଜଗର' ବୋଲି କହିଲା ବେଳେ ଗୁରୁପ୍ରସାଦ ଜଗନ୍ନାଥ ଦାସଙ୍କ ସେଇ ଅମର ପଂକ୍ତିକୁ ସ୍ମରଣ କରିଛନ୍ତି :

କର୍ମ କଷଣ ଦେହ ସହେ
ଅରଣ୍ୟେ ଅଜଗର ପ୍ରାୟେ। (ଭାଗବତ ୧୧:୯:୮)

ଏଲିଅଟଙ୍କ ଟାଇପିଷ୍ଟ ଝିଅ ପରି ଶାରୀରିକ ବିଳାସକୁ ଜୀବନର ପରମ ଲକ୍ଷ୍ୟ କିଂବା ଜୀବନର ଏକମାତ୍ର ଲକ୍ଷ୍ୟ ବୋଲି ଗ୍ରହଣ କରିନି ଗୁରୁପ୍ରସାଦଙ୍କ ନାରୀ। ଚତୁର୍ଦ୍ଦିଗରୁ "ଗୋମାଂସର ଗଂଧ", କିଂବା "ମଦ୍ୟ" ଏବଂ "ମତ୍ସ୍ୟ"ର ଉତ୍ତେଜକ ପ୍ରଭାବ ଯେଉଁପରି ଭାବେ ନାରୀର ନିଷ୍କପଟ, ପବିତ୍ର ସରଳତାକୁ ପୋଡ଼ି ପାଉଁଶ କରିଦେଇଛି, ତା'ର ଆରୋଗ୍ୟ କାହିଁ ?

ଏ ପରିପ୍ରେକ୍ଷୀରେ "କାଳପୁରୁଷ"ର ପ୍ରଥମ କବିତା "ଚଂପାଫୁଲ"ର ଯୋଗୀ ଓ ରଜସ୍ୱଳା ନାରୀ ପ୍ରସଂଗର ଉଦାହରଣ ଦିଆଯାଇପାରେ । ଏ କବିତାରେ ଚଂପାଫୁଲ ମହକର ଆକର୍ଷଣ ଏତେ ବେଶୀ ଅନିବାର୍ଯ୍ୟ ହୋଇଚି ଯେ, ମଦନରେ ପ୍ରମତ୍ତ ଯୋଗୀଟିଏ ମଶାଣିଭୂଇଁର ଭୂତପ୍ରେତ ଛାଡ଼ି ରଜବତୀ କନ୍ୟା ସହ ରମଣ ପାଇଁ ଉଦଗ୍ରୀବ ହୋଇଉଠିଛି। ଆଧୁନିକ କାଳର ନୈତିକ ଅଧପତନର ଏକ ବଳିଷ୍ଠ ପ୍ରତୀକ ହେଉଛି ଯୋଗୀଟିଏ, ଯିଏ ନିଜ ସାଧନାର କର୍ମଭୂଇଁ ପରିତ୍ୟାଗ କରି ନୈତିକ ଅଧପତନ ଦ୍ୱାରା ଆକ୍ରାନ୍ତ ହୋଇ ତାର ନିଜସ୍ୱ ସାଧନାର ଐଶ୍ୱରୀକତାକୁ ଜଳାଞ୍ଜଳି ଦେଇଛି ଏବଂ ଶାସ୍ତ୍ର ବିରୋଧୀ ଅପକର୍ମକୁ ଆଦରି ନେଇଛି। ପୃଥିବୀର ଏପରି ଧର୍ମରେ ରଜସ୍ୱଳା ନାରୀ ସହ ସହବାସ ଏକ ଅଧାର୍ମିକ ଅପକର୍ମ ବୋଲି ବିବେଚନା କରାଯାଏ। ହିନ୍ଦୁ ଶାସ୍ତ୍ରରେ ରଜବତୀ କନ୍ୟା ସହ ରତିକ୍ରିୟାକୁ ଦୋଷଯୁକ୍ତ ତଥା ଅଶୌଚ କର୍ମ ମନେକରି ଏଥିରୁ ନିବୃତ୍ତ ରହିବାକୁ ପରାମର୍ଶ ଦିଆଯାଇଛି। ଏ ପରିପ୍ରେକ୍ଷୀରେ ଯଯୁର୍ବେଦ "ତୈତିରୀୟ ସଂହିତା" (୨:୫:୧) "ଅଙ୍ଗିରାସ୍ ସ୍ମୃତି" (ଶ୍ଳୋକ ୩୭), "ମନୁସ୍ମୃତି" (୪:୪୦), "ସଶ୍ରୁତ ସଂହିତା" (ଶରୀର ସ୍ଥାନ ୨:୩୧) ଏବଂ "କଶ୍ୟପ ସଂହିତା" (ଶରୀରସ୍ଥାନ ୫:୫) ଇତ୍ୟାଦି ଦ୍ରଷ୍ଟବ୍ୟ। କେବଳ ହିନ୍ଦୁଧର୍ମରେ କାହିଁକି, ଖ୍ରୀଷ୍ଟିଆନ୍ ଧର୍ମରେ ମଧ୍ୟ ଏଭଳି ପ୍ରତିବଂଧକ ରହିଚି :

> And if a man shall lie with a woman
> having her sickness and shall uncover her
> nakedness; he hath discovered her fountain
> of her blood : and both of them shall be cut
> off from among their people. (Bible, Leviticus 20:18)

ବେବିଲୋନର ତଲ୍ମୁଦ ଅର୍ଥାତ୍ ଇହୁଦୀମାନଙ୍କ ଆଇନ ଅନୁଯାୟୀ, ରଜବତୀ କନ୍ୟା ସହ ସହବାସ କରିଥିବା ପୁରୁଷଙ୍କ ପାଇଁ ମୃତ୍ୟୁଦଣ୍ଡ ବିଧାନ ରହିଛି।

॥୬॥

ଓଡ଼ିଆ କାବ୍ୟ ପରମ୍ପରାରେ ସୃଜନଶୀଳ ସ୍ରଷ୍ଟାଟିଏ ସବୁବେଳେ ଆଧ୍ୟାତ୍ମିକ ଅନ୍ୱେଷଣକୁ ଜୀବନର ପରମ ଧର୍ମ ଭାବି ଆଧ୍ୟାତ୍ମିକ ଉପଲବ୍ଧିକୁ ତାର କାବ୍ୟିକ ଜିଜ୍ଞାସାର ଚରମ ଲକ୍ଷ୍ୟ ବୋଲି ମନେ କରିଥାଏ। ଓଡ଼ିଆଙ୍କ ଧର୍ମଧାରା ସହ ସହବଂଧିତ ତାର ଆତ୍ମା ଅନ୍ୱେଷଣ ଶେଷରେ ଯେଉଁ ପ୍ରାପ୍ତିର ଆଶା ରଖିଥାଏ, ତା ହେଲା ମୁକ୍ତି। "କାଳପୁରୁଷ"ରେ କବି ବାରଂବାର ଅକ୍ରୂର ଓ ଉଦ୍ଧବଙ୍କ ପ୍ରସଙ୍ଗ ଉତ୍‌ଥାପନ କରି ମୁକ୍ତିପଥରେ ସେମାନଙ୍କ ପଦାଙ୍କ ଅନୁସରଣ କରିଛନ୍ତି ଗୁରୁପ୍ରସାଦ। ଜଗନ୍ନାଥ ଦାସଙ୍କ

ଭାଗବତ ପୁରାଣ ଅନୁଯାୟୀ, ଉଦ୍ଧବ ଓ ଅକ୍ରୁର ହେଉଛନ୍ତି ଭଗବାନ ଶ୍ରୀକୃଷ୍ଣଙ୍କ ଦୁଇ ପରମ ଭକ୍ତ। ଗୁରୁପ୍ରସାଦଙ୍କ କବିତାରେ ମଥୁରାର ଅସୁର ସମ୍ରାଟ କଂସଙ୍କ ନିର୍ଦ୍ଦେଶ କ୍ରମେ ଗୋପପୁରକୁ ଗମନ କରିଛନ୍ତି ଅକ୍ରୁର। ବହୁ ଜଟିଳ ଓ କଷ୍ଟସାଧ୍ୟ ଯାତ୍ରା ସାରା ଭାବବିହ୍ୱଳ ଅକ୍ରୁର କୃଷ୍ଣଙ୍କ ଦର୍ଶନ ପାଇଁ ବ୍ୟାକୁଳ ହୋଇ ଉଠିଛନ୍ତି, ଏବଂ ଫେରନ୍ତି ପଥରେ ଭଗବାନଙ୍କ ସାନ୍ନିଧ୍ୟ ଚିନ୍ତାରେ ଏକ ଅଦ୍ଭୁତ, ଅନନ୍ୟ, ଶିହରଣ ଅନୁଭବ କରିଛନ୍ତି। ବହୁ ଜନ୍ମ ଓ ଜନ୍ମାନ୍ତରର "କାମ କ୍ରୋଧ ଲୋଭ ମୋହ ଜରାମୃତ୍ୟୁ"ର ସୀମା ସରହଦକୁ ଅତିକ୍ରମ କରି ପରମାତ୍ମାଙ୍କ ସହ ମହାମିଳନର ସ୍ୱପ୍ନ ଦେଖୁଛନ୍ତି। ଯୁଗଯୁଗ ପରିବ୍ୟାପ୍ତ ତାଙ୍କ "ପାଦର ଦରଜ", "ଘୋଡ଼ାଟାପୁର ଧୂଳି", "ରଥର ଭଂଗା ଚକ" ତଥା "ଆଖିର କ୍ଳାନ୍ତ ଦିଗ୍‌ବଳୟ" ଭଳି ମାୟାସିକ୍ତ "ସତ୍ତାର ଭ୍ରାନ୍ତି" ଯେ ପରିଶେଷରେ ଏକ ଭ୍ରାଂତିଶୂନ୍ୟ ମହାନ୍ ଆଧ୍ୟାତ୍ମିକ ଉପଲବ୍ଧିରେ ରୂପାନ୍ତରିକ ହେବ ଏହାକୁନେଇ ବେଶ୍ ନିଃସନ୍ଦେହ ଅଛନ୍ତି ଅକ୍ରୁର। ଅକ୍ରୁର ଜାଣିଥିଲେ ଶରୀରର ସମସ୍ତ ଯନ୍ତ୍ରଣା (agonies of flesh) ମାୟାର ଅଂଶବିଶେଷ, ଏବଂ ଥରେ ମାୟାଚ୍ଛନ୍ନ ଜୀବନର ଜ୍ୱଳମାନ ଦୀପଟି ଲିଭିଗଲା ପରେ, ଅର୍ଥାତ୍ ଆଉ କେବେ ଜଳିବାର ଅବକାଶ ଦୂର ହେଇଗଲା ପରେ, ସେ ଯାହା ପ୍ରାପ୍ତ କରିବେ ତା ହେବ ମୁକ୍ତି, ବୁଦ୍ଧଦେବଙ୍କ ଭାଷାରେ "ପରିନିର୍ବାଣ"।

ବିଷୟବସ୍ତୁ ଓ ଗଠନ ରୀତିରେ "ଅକ୍ରୁର ଉବାଚ" କବିତାଟି ଏଲିଅଟ୍‌ଙ୍କ A Song for Simeonକୁ ସ୍ମରଣ କରିଥାଏ। ବାଇବେଲ୍ ଅନୁଯାୟୀ ସାଇମନ୍ ଥିଲେ ଜଣେ ଇହୁଦୀ ସଂପ୍ରଦାୟର ବୃଦ୍ଧ ବ୍ୟକ୍ତିବିଶେଷ (Luke ii, 25-35), ଯିଏ ଅକ୍ରୁରଙ୍କ ପରି ଏକ ନୂତନ ବ୍ୟବସ୍ଥା (dispensation) ପାଇଁ ଅପେକ୍ଷମାଣ ଥିଲେ। ଯୀଶୁ ଖ୍ରୀଷ୍ଟଙ୍କ ଜନ୍ମ ପର୍ଯ୍ୟନ୍ତ ସେ ମୃତ୍ୟୁବରଣ କରିବେ ନାହିଁ ବୋଲି ବିଧିନିର୍ଦ୍ଦେଶ ଥିଲା ଏବଂ ଯୀଶୁଙ୍କୁ ବାହୁରେ ଧାରଣ କରି ସେ ଯେଉଁ ପ୍ରାର୍ଥନା କରିଥିଲେ, ତାହା ଥିଲା A Song for Simeonö

ଯୀଶୁଖ୍ରୀଷ୍ଟ କ୍ରୁଶବିଦ୍ଧ ହୋଇ ମୃତ୍ୟୁବରଣ କରିବେ ବୋଲି ସେ ନିଜର ଦିବ୍ୟଦୃଷ୍ଟି ଦ୍ୱାରା ଜାଣିପାରିଥିଲେ, ତାଙ୍କ ପ୍ରାର୍ଥନା ଥିଲା :

Grant me thy peace.
(And a sword shall pierce thy heart,
Thine also.)
I am tired with my own life and the lives of those after me
Let thy servant depart
Having seen thy salvation.

ଠିକ୍ ସାଇମନ୍‌ଙ୍କ ପରି ଅକ୍ରୁର ମଧ୍ୟ ଭାବାତୁର କଂଠରେ ଯେଉଁ ପ୍ରାର୍ଥନା କରିଛନ୍ତି ତାହା ଥିଲା ଠିକ୍ ଏହିପରି :

ମହାପ୍ରଭୁ ମୁକ୍ତି ଦିଅ – ଏହି ଯାତ୍ରା ଶୁଭ ହେଉ ତୁମର ଦୟାରୁ
ଏହି ଯାତ୍ରା ହେଉ ମୋର ଶେଷ ଯାତ୍ରା ଏ ଦେହରୁ
ତୁମର ସଂସାର ଡେଇଁ
ବହୁତ ବହୁତ କ୍ଳାନ୍ତି ପୁନରୁକ୍ତି ଏ ଆତ୍ମାର
ଆଉ ତୁମ ଦୟା କ୍ଷମା କରୁଣାର ସମୁଦ୍ରକୂଳରୁ ।

ସାଇମନ୍ ଓ ଅକ୍ରୁର ଉଭୟେ ଥିଲେ ଈଶ୍ୱରଙ୍କ ପରମ ଭକ୍ତ – ଉଭୟଙ୍କ ପ୍ରାର୍ଥନାରେ ଆତ୍ମା ସହ ପରମାତ୍ମାଙ୍କ ମହାମିଳନର ଅନନ୍ୟ ମୁହୂର୍ତ୍ତଙ୍କୁ ପରିକଳ୍ପନା କରାଯାଇଛି । ଉଭୟେ ଥିଲେ ଏକ ଏକ 'ବିଶ୍ୱାସର ବାହକ' "Carriers of Faith" । ପ୍ରଚଂଡ଼ ଈଶ୍ୱର ବିଶ୍ୱାସକୁ ପାଥେୟ କରି ଏହି ପବିତ୍ର ଆତ୍ମା ଦ୍ୱୟ ଅନୁଭୂତିର ସମସ୍ତ ଅବାସ୍ତବତା ବା ଅବିଦ୍ୟାକୁ ଉତ୍ତରଣ କରିଥିଲେ । ବୈକୁଣ୍ଠରେ ସେମାନଙ୍କ ସ୍ଥାନର ସୁରକ୍ଷା ପାଇଁ ଈଶ୍ୱର ବିଶ୍ୱାସକୁ ସେମାନଙ୍କ ଆଧ୍ୟାତ୍ମିକ ଯାତ୍ରାର ମୂଳାଧାର ବୋଲି ମନେ କରି ଜୀବନର ସମସ୍ତ ନକାରାତ୍ମକ ଅଂଧାରର ଅନୁଭବ ବିପକ୍ଷରେ ଅରୁନ୍ଧତୀଙ୍କ ଦିବ୍ୟ ଆଲୋକପଥରେ ଆଗୁସାର ହୋଇଥିଲେ । ଗୁରୁପ୍ରସାଦଙ୍କ କାବ୍ୟପୁରୁଷ ସେଥିପାଇଁ ଏକ ବ୍ୟାକୁଳ କଣ୍ଠରେ ନିବେଦନ କରିଛି :

ହେ ଅକ୍ରୁର ହେ ଉଦ୍ଧବ ସଖା ମୋର ପ୍ରାଣର ଦୋସର
ରୁହ ରୁହ ଛିଡ଼ା ରୁହ ପିଠିରେ ମୋ ତୁମ ପରି ବୋଝ
ମୁଁ ଯିବି ତୁମରି ପରି ତାରା ଖୋଜି ଜହ୍ନ ଖୋଜି, ଖୋଜି ଖୋଜି
ଝରଣାର ସୁଅ
ମୁଁ ଯିବି ତୁମରି ପରି ଖୋଜି ମୋର ପିତାମାତା ନିର୍ମୁଳି ନଟାରେ
ଖୋଜି ଅରୁନ୍ଧତୀ ତାରାର ଆଲୁଅ ।। (୧୭୧-୧୮୦)

ଭାରତର ବେଦବେଦାନ୍ତ ତଥା ପୁରାଣରେ ବର୍ଣ୍ଣିତ ଅରୁନ୍ଧତୀ ଆମ ସଂସ୍କୃତିରେ ଏକ ସ୍ୱତନ୍ତ୍ର ସ୍ଥାନ ଅଧିକାର କରିଛନ୍ତି । ପ୍ରାଚୀନ କାହାଣୀ ଅନୁଯାୟୀ ଅରୁନ୍ଧତୀ ଥିଲେ ଋଷି ବଶିଷ୍ଠଙ୍କ ପତ୍ନୀ, ଜଣେ ଶୁଦ୍ଧ, ପବିତ୍ର ନାରୀ, ନିଜର ନିର୍ମଳ ପବିତ୍ର ପତିଧର୍ମ

ନିଷ୍ପାପର ଭାବେ ନିର୍ବାହ କରିଥିବା ଜଣେ ସତୀ ନାରୀ। ଆଦର୍ଶ ଦାମ୍ପତ୍ୟ ଜୀବନର ଏକ ନିଚ୍ଛକ, ଛଳନାହୀନ ପ୍ରତୀକ। ଗୁରୁପ୍ରସାଦଙ୍କ କାବ୍ୟପୁରୁଷ ପୁଣ୍ୟ ଧାର୍ମିକ ପଥକୁ ମୋକ୍ଷର ନିଶ୍ଚିତ ମାର୍ଗ ବୋଲି ଗ୍ରହଣ କଲାବେଳେ ସପ୍ତର୍ଷି ମଣ୍ଡଳର ଶୋଭାବର୍ଦ୍ଧନ କରୁଥିବା ଅରୁନ୍ଧତୀଙ୍କ ଆଲୁଅକୁ ମାର୍ଗଦର୍ଶକ ବୋଲି ମନେ କରିଛି।

"କାଳପୁରୁଷ"ର ଉପସଂହାର ମଧ୍ୟ ଆଲୋକକୁ କେନ୍ଦ୍ର କରି ଗଢ଼ିଉଠିଛି। ଦ୍ୱାପର ଓ କଳିଯୁଗ ମଧ୍ୟସ୍ଥ ଅବସ୍ଥାନ୍ତର ସମୟ ଘଟଣା : ଭଗବାନ ଶ୍ରୀକୃଷ୍ଣଙ୍କ ତିରୋଧାନ ଘଟିସାରିଛି। ଶ୍ରୀକୃଷ୍ଣଙ୍କ ତିରୋଧାନ ପରେପରେ "ଧର୍ମ" ଏବଂ "ଜ୍ଞାନ" ପୃଥିବୀ ପୃଷ୍ଠରୁ ବିଦାୟ ନେଇ ସାରିଛନ୍ତି, ପୃଥିବୀ ଅନ୍ଧକାରାଚ୍ଛନ୍ନ ହୋଇଯାଇଛି। ପବିତ୍ର ଆର୍ଯ୍ୟାବର୍ତ୍ତରୁ ମନୁଷ୍ୟ ସମାଜକୁ ରକ୍ଷା କରିବା ଉଦ୍ଦେଶ୍ୟରେ ଋଷି ଶୌନକ ଋଷିମାନଙ୍କର ଏକ ମହାସମାବେଶ ଆୟୋଜନ କରିଛନ୍ତି। ନୈମିଷ୍ୟାରଣ୍ୟରେ ଆହୁତ ଏ ମହାସମାବେଶରେ ୬୦,୦୦୦ ଋଷି ଯୋଗଦେଇ ଅଂଧାର ଅପସାରଣ ପାଇଁ ଆଲୋକର ଆବାହନ କରିଛନ୍ତି। ମହାନ ଋଷିମାନଙ୍କ ଏହି ମହାନ ଆବାହନର ଏ ଅମୃତ ମନ୍ତ୍ରକୁ ଗୁରୁପ୍ରସାଦ ନିଜ ଭାଷାରେ ପ୍ରକାଶ କରିଛନ୍ତି;

ଓଁ ଅସତୋ ମା ସଦ୍‌ଗମୟ।
ତମସୋ ମା ଜ୍ୟୋତିର୍ଗମୟ।
ମୃତ୍ୟୋର୍ମା ଅମୃତଂ ଗମୟ।
ଏ ଗ୍ରହର ନଷ୍ଟ ଯାତ୍ରା ଆଜି ଯଦି ଅନ୍ଧାରରୁ...
ଏ ଗ୍ରହର ନଷ୍ଟ ଯାତ୍ରା ଆଜି ଯଦି ମରଣରୁ...
ଏ ଗ୍ରହର ନଷ୍ଟ ଯାତ୍ରା ଆଜି ଯଦି ଅସତରୁ...
ମୃତ୍ୟୁ ମାଂ
ଅସତୋ ମା
ତମସୋ ମା
ମୃତ୍ୟୁ ମାଂ...ମୃତ୍ୟୁମାଂ...ମୃତ୍ୟୁମା...
ଅମୃତଂ
ଗମୟ।। (୩୭୧-୩୭୯)

ଏଲିଅଟ୍ The Waste Land କବିତାରେ ପୃଥିବୀର ଧ୍ୱଂସ ଓ ମୃତ୍ୟୁ, (ତାଙ୍କ ଭାଷାରେ "the way the world ends")ର ପ୍ରସଂଗ ଉତ୍‌ଥାପନ କଲାବେଳେ,

ଗୁରୁପ୍ରସାଦ "ଏ ଗ୍ରହର ନଷ୍ଟ ଯାତ୍ରା" ଭଳି ଶବ୍ଦ ପ୍ରୟୋଗ କରି ପୃଥିବୀକୁ "ଅନ୍ଧାର", "ମୃତ୍ୟୁ" ଏବଂ "ଅସତ୍ୟ"ରୁ ରକ୍ଷା କରିବାକୁ ଆହ୍ୱାନ ଦେଇଛନ୍ତି । ଏଲିଅଟ୍ ତାଙ୍କ ଏହି ଦୀର୍ଘ କବିତାର ଶେଷରେ ଭାରତୀୟ ଦର୍ଶନର ମୂଳମନ୍ତ୍ର "ଶାନ୍ତି"ର ପ୍ରୟୋଜନିତା ଉପରେ ଗୁରୁତ୍ୱ ଆରୋପ କଲାବେଳେ ଗୁରୁପ୍ରସାଦ ଜୀବନ ଓ ପୃଥିବୀର ସମସ୍ତ ନକାରାତ୍ମକ ଅଂଧାରରୁ ଏକ ଦିବ୍ୟ ଆଧ୍ୟାତ୍ମିକ ଉପଲବ୍ଧିର ଆଲୋକ ଆଡ଼କୁ ମୁହାଁଇଛନ୍ତି ଏବଂ ସତ୍ୟ ଉପରେ ଆଧାରିତ ଏକ ଅମୃତମୟ ପୂର୍ଣ୍ଣ ଜୀବନର ଜୟଗାନ କରିଛନ୍ତି ।

୧୯୫୦ ପରବର୍ତ୍ତୀ ଓଡ଼ିଆ କବିତାର ଆଦିକାଳରେ ଗୁରୁପ୍ରସାଦଙ୍କ ଅବଦାନ ବିଷୟରେ ଚିନ୍ତା କଲେ, ଯାହା ପାଠକଙ୍କୁ ବେଶି ଆମୋଦିତ କରେ ତାହେଲା ତାଙ୍କ କବିତାର ଭାଷା, ବିଶେଷକରି ଭାଷାର ଲାଳିତ୍ୟ ଏବଂ ଏହା ସହ ବିଂବ ବା ପ୍ରତୀକ ବ୍ୟବହାରର ସତେଜତା । ଗୁରୁପ୍ରସାଦ ହେଉଛନ୍ତି ପ୍ରଥମ ଆଧୁନିକ ଓଡ଼ିଆ କବି ଯେ ସର୍ବ ସାଧାରଣ ଲୋକଙ୍କ କଥିତ ଭାଷାର ଲାଳିତ୍ୟକୁ କାବ୍ୟିକ ଭାଷା ଭାବେ ବ୍ୟବହାର କରି କାବ୍ୟିକ ପରିବେଶକୁ ରସସିକ୍ତ କରିଦିଅନ୍ତି । ତାଙ୍କର ପ୍ରାୟ ପ୍ରତ୍ୟେକ କବିତାରେ ଯାହା ଅତ୍ୟନ୍ତ ପ୍ରମୁଖ ବିଭବ ଭାବେ ପାଠକଙ୍କ ମନକୁ ରୋମାଂଟିକ୍ କରିଦିଏ କିଂବା ରୋମାଣ୍ଟିକ୍ ମନକୁ ଏକ ପ୍ରକାର ବିଷଣ୍ଣ ଭାବରେ ଭାବାତୁର କରିଦିଏ ତା ହେଲା ପରିପାର୍ଶ୍ୱ ସହ ତାଙ୍କର ସଂପର୍କ ଯେପରି "ବର୍ଷା ଆଉ ମେଘର ପିପାସା" ('ଆଖିର କପୋତ ମୋର'), "ଗାଢ଼ଲାଲ ବଣ ନିଆଁ" ('ହରେକୃଷ୍ଣ ଦାସ-୨'), "ଅଶ୍ୱତ୍ଥ ଗଛର ଖରା" ('ଛୁଟିର ଖରା'), "କାଠକଟା ଚଢ଼େଇର ଡାକ", 'ଦୃଷ୍ଟିର ଦିଗନ୍ତ'), "ଅସଂଯତ ବଉଦର ସୁଅ", ('କାଳପୁରୁଷ'), "ଅଚିହ୍ନା ପକ୍ଷୀଙ୍କ ନିଃସଙ୍ଗ ଡାକ" ('ସିନ୍ଧୁଆ'), "ନଈ ମୁହାଣରେ ଉଜାଣି ଜୁଆର" ('କେଉଁ ଘାସ ? କେଉଁ ବାଲିରେ'), "ସ୍ତୂପ ସ୍ତୂପ ନିରର୍ଥକ ବାଲି", "ଶରତ ବାଟୋଇ ବଉଦ" ('ଚିଠି'), "ପଉଶର ପଳିତ ମୂର୍ଚ୍ଛନା", ('ସୁନାର ଝରଣା'), "ପଉଷର ଅସ୍ତଗାମୀ ତାରା ଓ ଅନ୍ଧାର" ('ନିହତ ଗୋଧୂଳି') । କୌତୂହଳ ବିଷୟ, ଗୁରୁପ୍ରସାଦ ଯେଉଁ କେତୋଟି ଶବ୍ଦକୁ ବାରଂବାର ବ୍ୟବହାର କରି ତାଙ୍କର ବିଷର୍ଣ୍ଣତାବାଦୀ ଚିନ୍ତାଧାରାକୁ ବ୍ୟାପକ କରିବାକୁ ଚାହିଁଛନ୍ତି ତା' ଭିତରେ ପ୍ରମୁଖ ହେଉଛି "ବିବର୍ଣ୍ଣ" । "ସମୁଦ୍ରସ୍ନାନ"ର ବହୁ କବିତାରେ ବିଶେଷ କରି ତାଙ୍କର ଦଶଟି ସନେଟ୍‌ରେ ବିବର୍ଣ୍ଣ ଶବ୍ଦକୁ ବହୁବାର ବ୍ୟବହାର କରି ପ୍ରେମ, ପ୍ରଣୟ ଓ ସଂପର୍କ ପ୍ରତି ଗୁରୁପ୍ରସାଦ ତାଙ୍କର ଉଦାସପୂର୍ଣ୍ଣ ଦୃଷ୍ଟିଭଂଗୀର ପରିଚୟ ଦେଇଛନ୍ତି । ଜରାମୃତ୍ୟୁ ଜର୍ଜରିତ ଜୀବନକୁ ଘେରି ରହିଥିବା ଜରାଜୀର୍ଣ୍ଣ ଆଶା ଓ କାମନାକୁ ଶବ୍ଦରେ ରୂପାୟନ କଲାବେଳେ କବି ଯାହା କିଛି ଅନୁଭବ କରନ୍ତି ତାହା ତାଙ୍କୁ ସବୁ କିଛି ରଂଗହୀନ, ବିବର୍ଣ୍ଣ ଲାଗିଛି, ଯେମିତି "ବିବର୍ଣ୍ଣ ଦେହ" ('ସନେଟ୍ ୧'), "ବିବର୍ଣ୍ଣ ପ୍ରକୃତି",

"ବିବର୍ଣ୍ଣ ବସନ୍ତ" ('ସନେଟ୍ ୯') ଏବଂ "ବିବର୍ଣ୍ଣ ଶୂନ୍ୟତା" ('ସନେଟ୍ ୧୦')। ପୃଥିବୀର "ସଂକୀର୍ଣ୍ଣ ପରିସର" ତଥା "ଦେହର ସୀମିତ ପରିଧି"ରେ ବଂଚିରହି, ଅବସାଦଗ୍ରସ୍ତ ସମୟର "ଆହତ ସ୍ୱପ୍ନ"ମାନଙ୍କ ସହ "ସତ୍ତା"ର "ବ୍ୟଥା" ଓ "କ୍ଳାନ୍ତି"କୁ ସହି ନପାରି କାବ୍ୟପୁରୁଷ ଯନ୍ତ୍ରଣାଦଗ୍ଧ କଂଠରେ ଘୋଷଣା କରିଛି :

ମୋର ଆଜି ମୃତ୍ୟୁ ହେଉ... ଜରାଜୀର୍ଣ୍ଣ ପୃଥିବୀର ଦେହ
ତୁମକୁ ମିଶାଇ ଦେବ ତୁମେ ଭଲପାଅ ବା ନପାଅ।

("ସନେଟ୍ ୬")

ଗୁରୁପ୍ରସାଦଙ୍କ କାବ୍ୟିକ ପ୍ରସିଦ୍ଧି ତଥା ଲୋକପ୍ରିୟତାର ପଶ୍ଚାତ୍‌ଭାଗରେ ରହିଛି ତାଙ୍କ କବିତାରେ ରୂପକଳ୍ପର ସଂଯୋଜନା, ଯାହା କେତୋଟି ଉଦାହରଣରୁ ସ୍ପଷ୍ଟ ହେବ:

ନିଛାଟିଆ ଜୋର ତଳେ କଇଁନାଡ଼ ଦିନ ଆଉ ଫିକା ନେଳି ଶିଉଳି ଭିତରେ
କଉ ମାଛ ନିଦ ପରି ଏ ଖରାର ନିଦ ଠିକ୍
ଏ ଗଳିର ଡଷ୍ଟବିନ କାନ୍ଥ ଓ କବାଟ ପାଖେ
ନିଛାଟିଆ ଶିଥିଳ ଉଦାସ।

("ଦୃଷ୍ଟିର ଦିଗନ୍ତ")

ଏ ଗଳିରେ ଜହ୍ନ ଆସେ, ଝରକା ସେପାଖେ ଶୁଭେ ଚଇତର ଗୋପାନନୂପୂର
ଧୂଳିର ଭଉଁରୀ ଖେଳି କେତେ ଫୁଲ ଲୋଟେ ମହକରେ
କେତେ ବେଣୀ ଫିଟିଯାଏ କେତେ ତାରା ଝଡ଼େ କୁହୁକରେ।
ମୁଁ ଶୁଣେ ପତର ଛାତି ଛନକାର ନିଭିଯାଏ କୂଳ
ଚଇତର ବିମନା ନୂପୂର...

("ଗୋବରଗଣେଶ")

ସୂର୍ଯ୍ୟ ଯେବେ ନିଭିଯାଏ ଆସ୍ତେ ଆସ୍ତେ ଛୋଟ ହୋଇ
ବ୍ୟାଟେରୀ ନଥିବା ସାନ ଟର୍ଚ୍ଚ ଲାଇଟ୍ ପରି।

("ହରେକୃଷ୍ଣ ଦାସ-ଦୁଇ")

ସୂଚୀପତ୍ର

ଚମ୍ପାଫୁଲ	୩୩
କପୋତ କପୋତୀ	୩୪
ଗୋବର ଗଣେଶ	୩୬
ପ୍ରିୟବାନ୍ଧବୀ	୪୨
ଶରତ ଋତୁରେ ଜହ୍ନ	୪୬
ସୁନାର ଝରଣା	୪୯
ଅଳକା ସାନ୍ୟାଲ	୫୧
ଚିଠି	୫୩
ଆଖିର କପୋତ ମୋର	୫୭
ନିହତ ଗୋଧୂଳି	୫୯
ହରେକୃଷ୍ଣ ଦାସ(ଏକ)	୬୨
ହରେକୃଷ୍ଣ ଦାସ(ଦୁଇ)	୬୪
ପିକ୍‌ନିକ୍	୬୬
ଛୁଟିର ଖରା	୬୮
ଦୃଷ୍ଟିର ଦିଗନ୍ତ	୭୦
କାଳପୁରୁଷ	୭୨
ଅକ୍ରୁର ଉବାଚ	୮୮
ସିଡ୍ଢୁଆ	୯୦
କେଉଁ ଘାସ ? କେଉଁ ବାଲିଚର ?	୯୪
ସନେଟ୍ ଦଶଗୋଟି	୯୫

ଚମ୍ପାଫୁଲ

ଚମ୍ପାଫୁଲ ମହକରେ ବାଟଭୁଲି ସମୁଦ୍ରର ଢେଉ
ଆସିଥିଲା କୂଳ ଡେଇଁ ଶୁଖୁଥିଲା ଭରାନଈ ଛାତି
ପଥର ତରଳି ଥିଲା, ମଶାଣିର ଭୂତପ୍ରେତ ଛାଡ଼ି
ରଜବତୀ କନ୍ୟା ଲାଗି ଯୋଗୀ ଥିଲା ମଦନରେ ମାତି ।

ଚମ୍ପାଫୁଲ ହାତେ ଧରି ମନାସିଲା ଯାଦୁକରୀ ଥରେ
ପଥର ପାଲଟି ହେଲା ରଜାପୁଅ, ହାଡ଼ସବୁ ହେଲା ମୁକ୍ତାଫୁଲ
ରଜାଝିଅ ବେଣୀଫୁଲ ଖସି ଗଲା ସୁଏ ସୁଏ ଭାସି
ଗୋଟିଏ ଫୁଲରେ ପୁଣି ହେଲା କୋଟି ମଣିଷର ମୂଳ ।

ଚମ୍ପାଫୁଲ ମହକରେ ପଡ଼େ ସେ ଯେ ଦାରୁଣ କୁହୁକ
ରକ୍ତେଯାଏ ନିଆଁ ଲାଗି, ଛାତି ଆଉ ନିଶ୍ୱାସରେ ନିଆଁ
ଛାତି ଆଉ ନିଶ୍ୱାସରେ ନିଆଁ ସେ ଯେ ଦେହେ ଦେହେ ବିଜୁଳି ଚମକ
ବିଜୁଳି ଚମକ ସେ ଯେ ବଣ ନିଆଁ, ସବୁଯାଏ ଛିନ୍ନଭିନ୍ନ ହୋଇ ।

ପୃଥ୍ବୀ ଛାତିରେ ଲୋଟି ପୋଡ଼ିଯାଏ ଜଳିଯାଏ ସବୁ
ମାଂସ ଫୁଟେ ଫୁଲ ହୋଇ ମନ ପଡ଼େ ରୋମାଞ୍ଚରେ ଶୋଇ ॥

କପୋତ କପୋତୀ

"ଏ ରାତିର ଏତେ ତାରା ସ୍ମୃତି ଆଣେ ତୁମସାଥେ ଯୁଗଯୁଗ ଅନାଦି ଯୁଗର
ତୁମରି ପାଖରେ ବସି ମୁଁ ଭାବେ ହଠାତ୍ ଯଦି ଏ ବାଲିରେ ସ୍ମୃତି ବୁଣିବୁଣି
ଏ ରାତି ବିଛାଇଦିଏ ସ୍ୱପ୍ନ ଆଉ ଯୁଗଯୁଗ କଳ୍ପକଳ୍ପ ତାରା ଆଉ ତାରା
ତୁମରି ଭ୍ରୂଲତା ତଳେ ମିଶିଯାଏ ଦିଗ୍‌ବଳୟ
ରାଧାନାଥ ରାୟ ଆଉ ସଚ୍ଚି ରାଉତରା"
ସେ କହିଲା, "ଏହିମୋର ସିଲ୍‌କ ଶାଢ଼ୀ ଆକାଶୀ ରଂଗରେ
ଆକାଶରୁ ଖସିଆସେ ତାରା ଆଉ ସଚ୍ଚି ରାଉତରା ।"

"ଏ ଅଂଧାର ଶୋଇପଡ଼େ ଜାକିଜୁକି ନିର୍ବିବାଦେ ନିଶବଦ ଘୋଡ଼ିଘାଡ଼ି ହୋଇ
ନିଶବଦ ଚଇତ୍ର ଯାଏ ଗଳିଗଳି ରାସ୍ତାରାସ୍ତା ଘୋଡ଼ାଗାଡ଼ି ରିକ୍‌ସାଗାଡ଼ି ଚଢ଼ି
ଇଲେକ୍‌ଟ୍ରିକ୍ ଆଲୁଅରେ ସାବୁନ୍ ଆଉ ବାସ୍ନାତେଲ ଗୁଡ଼ାଖୁ ଓ ହଇଦର ବିଡ଼ି
ଚୈତ୍ରର ସପନ ନେଇ ତୁମଠାରୁ ଇନ୍ଦ୍ରଜାଲ ନେଇ
ଗାନ୍ଧି ଟୋପି ପିନ୍ଧି ଚଳେ ଏ ରାସ୍ତାରେ ଭିଡ଼ ଠେଲିଠେଲି ।"
ସେ କହିଲା, "ଦୁଷ୍ଟ ତମେ ଦୁଷ୍ଟ ଭାରି ସତ ମିଛ କଥା କହିପାର
ଚୋରପରି ମୋ ପାଖରୁ ଅର୍ଥନୀତି ରାଜନୀତି ସୋସାଲିଜମ୍ କାଢ଼ିନେଇ ପାର ।"

"ଏ ରାତିରେ ସୀମା ନିଭେ ଭଦ୍ରତାର ଶିଷ୍ଟତାର ଗାନ୍ଧିବାଦ
ସାମ୍ୟବାଦ ଆଉ ପ୍ରେମ କରିବାର ସୀମା
ରକ୍ତ ସିନା ପାଣିଫାଟେ ତଥାପି ଆଖିରେ ଘୋଟେ ଭାରିହୋଇ
ଏ ରାତିର ଫୁଲଭରା ବିଜନ ନୀଳିମା
ମୁଁ ଶୁଣେ ଅସ୍ପଷ୍ଟ ପାଦ ଶହଶହ ହଜିଯାଏ ପାଣି ଖୋଜି ମାଟି ଖୋଜି
ଏ ବାଲିର ଅନ୍ଧାର ଭିତରେ

ତଥାପି ଆଖିରେ ମୋର ଅପନ୍ତରା ଏ ଭୂଇଁରେ ନେଳି ସିଲ୍‌କ ଶାଢ଼ୀ
ଆଉ ତୁମର ଏ ବିଜନ ନୀଳିମା ।"
ସେ କହିଲା, "ଭଲପାଅ ଭଲପାଅ ସତେ ତୁମେ ଏତେ ଭଲପାଅ
ମୋ ପାଖରେ ବସି ସତେ ତୁମର ଏ ସିନିସିଜ୍‌ମ୍ ଧୂପ ଆଉ
ହେମ ପୁଷ୍ପ ସବୁ ଭୁଲି ଯାଅ ।"

ମୁଁ କହିଲି, "ମିସ୍ ତୁମେ ଚିରନ୍ତନ ମିସ୍‌ଦାସ ମିସ୍‌ରାୟ
ମିସ୍ ସବୁ ନିଖିଳର ସପନ ଭିତରେ
ଆଜି ତେଣୁ ଆକାଶର ବାଦ ଆଉ ବାଲିର ଭିତରେ
ମୁଁ ତୁମକୁ ପ୍ରେମ କରେ, ଚିଠିଲେଖେ, ତୁମର ମୁଁ ସମାଧାନ,
ତୁମର ମୁଁ ସମନ୍ୱୟ କରେ -
ତୁମରି ବେଣୀରୁ ଦେଖେ ଚୈତ୍ର ଯାଏ ଭିଡ଼ ଠେଲି
ତୁମରି ଆଖିରୁ ଆସି ଚୈତ୍ର ଋତୁ ଭିଡ଼ ଠେଲି
ଅହିଂସାର ଜିପ୍ ଗାଡ଼ି ଚଢ଼େ ।"
ସେ କହିଲା, "ଦୁଷ୍ଟ ତୁମେ ଭାରି ଚଲାଖ୍ ଭାରି ଫାଜିଲ୍
ଭାରି ଭଲକଥା କହି ଜାଣ
ତୁମରି ପ୍ରେମରେ ଆଜି ଭୁଲିଯାଏ ସତୀତ୍ୱ ମୁଁ ଅର୍ଥନୀତି ରାଜନୀତି
ଆଉ ମୋ'ର ନାରୀ ଜାଗରଣ ।

■

ଗୋବରଗଣେଶ

ରହିଯାଏ ଅଭାବ ତଥାପି
ବିବର୍ଣ୍ଣ ବେଳାର ପରେ ଢେଉ ପରେ ଭାଙ୍ଗେ ଯେତେ ଢେଉ
ବାଲିର ପାଚିରୀ ଯାଏ ଛିନ୍ନଭିନ୍ନ ସମତୁଲ ହୋଇ ।
ଓଠର ଗୋଲାପୀ ରଙ୍ଗ ଏ ଆକାଶ ଶୋଷିନେଲା ପରେ
ଜୋତାର ଗୋଲାପୀ ଦୃଶ୍ୟ ଏ ଢେଉରେ ଭାଙ୍ଗିଗଲା ପରେ
ନିଛାଟିଆ ଗଳିମୋଡ଼ ଛାଇ ତାର ଗିଳିଦେଲା ପରେ
ରହିଯାଏ ଅଭାବ ତଥାପି,
ଏ ଛାତି ଭିତରେ ମୋର ନିଃଶ୍ୱାସରେ ଶ୍ୱାସ ପ୍ରଣାଳୀରେ
ମସ୍ତିଷ୍କ ଭିତରେ ମୋର ସବୁ ସୁଅ ସବୁ ଚେତନାରେ
ରହିଯାଏ ତଥାପି ଅଭାବ
ଝଡ଼ର ଓ ତୋଫାନର ବସନ୍ତରେ କୋଇଲି ଡାକର
ବିବର୍ଣ୍ଣ ବେଳାର ଢେଉ ଏ ମନରେ ଗୋଟିଏ ପ୍ରଶ୍ନର
ଆଜି ଯେବେ ସନ୍ଧ୍ୟାବେଳେ ପତ୍ରସବୁ ଝଡ଼ିଝଡ଼ି ପଡ଼େ
ନିଛାଟିଆ ଏ ଗଳିରୁ ସନ୍ଧ୍ୟାଯାଏ ଲୁଚି ଲୁଚି ଛପି ଛପି
ପ୍ରେମିକର ପରି,
ମୁଁ ବସେ ଝରକା ପାଖେ ଜାକିଜୁକି ଗୋଲକରି
ରଖି ମୋର ଛାତି ପକେଟରେ,
ମଲୀହାର ଚମ୍ପାକଢ଼, ଶାଢ଼ୀ ତାର ବ୍ଲାଉଜ ତାର
ଗୋଲଛାତି କଳାଆଖି ତାର,
ରୁମାଲରେ ଜାକିଜୁକି ମନମୋର ଦେହମୋର ଆତ୍ମାମୋର
ମୋ ପୁରୁଷକାର;
ପତ୍ରସବୁ ଝଡ଼ି ଝଡ଼ିଯାଏ

ନିଛାଟିଆ ଏ ଗଳିରେ ସାଉଁଟି ସାଉଁଟି ଧୂଳି ମନମୋର
ଦେହ ଖୋଜିଯାଏ
ଦେହମୋର ପ୍ରାଣ ଖୋଜିଯାଏ ।

ଆଖି ତାର ଗାଢ଼ କଳା
ଝରୁକଳା ଅଭାବ ମୋ ଠାରେ
ଗୋଲ ତାର ଛାତିତଳେ ବସନ୍ତ ବା ଯଦି ଉଙ୍କିମାରେ
ମୋଠାରେ ଆକାଶ ଠାରୁ ବହୁଦୂର ବସନ୍ତ ସୁଦୂର ।

ଆଜି ପୁଣି ମତେ ଲାଜମାଡ଼େ
ଆଜି ପୁଣି ଚମକି ମୁଁ ଥକା ହୋଇ ଝରେଁ ଝରକାରେ
ମୁଠାରେ ଦେବାକୁ ଝପି ଏହି ଗଳି ଏହି ଛକ ଏହି ଶାଢ଼ୀ ଦାମୀ
ଗହଣାରେ
ଥିଏଟର ସିନେମାର ସବୁ ସିଟ୍ ସବୁ ଟେବୁଲ ସବୁ ହୋଟେଲର,
ଆଜି ପୁଣି ମତେ ଲାଜମାଡ଼େ,
ଆଜି ପୁଣି ଅକ୍ଳାନ୍ତ ମୁଁ ଚେଷ୍ଟାକରେ ହେବାକୁ ଚିକ୍‌କଣ
ରୁମାଲରେ ମୁହଁ ପୋଛେ ପଞ୍ଜାବୀରେ ଲଗାଏ ଅତର
ଆଗରେ ଆରିଶି ରଖି ମୁଲାଏମ ହସିବାକୁ ଶିଖେ ।

ମୁଁ ନୁହେଁ ଧୂପର ହିରୋ, ଗାର୍ଲସ୍କୁଲ ଚୁମ୍ବନ, ବା ଚମ୍ପୁର ନାୟକ
ଝରୁକଳା ଅଭାବ ମୋଠାରେ
ତାର ସିଲକ ଲୁଗାତଳୁ ଗୋଲ ଛାତି ଯେବେ ଉଙ୍କିମାରେ ।

ଧନୁରେ ମୁଁ ଯୋଖିନାହିଁ କାଗଜ ବା କ୍ରୋଟନ୍ ସାୟକ
ମୁଁ ଜାଣେନା ବିକାହୁଏ କଟକର କେଉଁ ଦୋକାନରେ
ପ୍ରେମର ପ୍ରଥମ ଫୁଲ ନିଳୋତ୍ପଳ ବକୁଳ ଅଶୋକ,
ନାଟର ଦୂତ ମୁଁ ମୋର ନିଶ ମୋଡ଼ିମୋଡ଼ି ଧରି ଢୋକ ଗିଳି ଗିଳି
ଆଣିଦେବା ରାଜ୍ୟର ଖବର

ଥିଏଟର ସିନେମାରେ ନୂଆ ଫେସନ୍ ଶାଢ଼ୀ ବ୍ଲାଉଜର
ଖୁବ୍ ବେଶୀ ହେଲେ କେବେ ଟେଲିଫୋନ କିମ୍ବା ଡାକଘର ।
ମୁଁ ଯଦି ହଠାତ୍ ଦିନେ ଜଳିଯାଏ
ଏ ଆକାଶ ଯଦିଯାଏ ଆଖିରେ ମୋ ସଙ୍କୁଚିତ ହୋଇ
କାଶ ଯାଏ ଭଲହୋଇ ଆଖିରେ ମୁଁ ଲଗାଏ ଚଷମା
ତା ଚଷମା ଭିତରକୁ ସିଧାହୋଇ ଅନାଇବା ପାଇଁ
ସମୟକୁ ଜାକିଜୁକି ସମସ୍ୟାରେ ଚପି ଦେବାପାଇଁ
ମୁଁ ଯଦି ତରାଟେ ଆଖି, ମୁଁ ଯଦିବା ନିଶଦାଢ଼ି ରଖେ, ମୁଁ କହେ ତାହାକୁ
ମୁଁ ପଢ଼ିଛି ଉପନ୍ୟାସ, ମୁଁ ପଢ଼ିଛି ଇଂରାଜୀ ନାଟକ
ମୁଁ ଜାଣିଛି ଏ ରକ୍ତରେ ଶୋଇଥାଏ ଆଦିମ ଅସଭ୍ୟ

ମୁଁ ଜାଣିଛି ହଜିଥିବା ରୁମାଲରୁ ଛୁରୀ ଉଠେ ରକ୍ତମୁହାଁ ହୋଇ
ମୁଁ ଜାଣିଛି ବାଘ, ଭାଲୁ, ନଖ ଆଉ ଦାନ୍ତର ବିଚାର,
ସେ ଯଦି କେବଳ ହସେ
ସେ ଯଦି କେବଳ
ପାପୁଲିରେ ମୁହଁ ରଖି ସାବଲୀଳ ଗ୍ରୀବାଭାଙ୍ଗି କୁରରୀର ପରି
ସେ ଯଦି କେବଳ କୁହେ ଭୁଲ୍ ସବୁ, ଗଧ ତୁମେ,
ବୋକା ତୁମେ, ଓଲୁ ତୁମେ
ଚାଳିଶାର ଭେଳିକି ତୁମର
ସେ ଯଦି ଝରଣା ଯାଏ ହସି ହସି ଲୋଟି ତାର ବିଛଣା ଉପରେ
ଛେପ ଢୋକି ତଣ୍ଟି ଶୁଖିଯାଏ ।

ଆଖି ତାର ରହିଥିବ ଛାତି ତାର ଥିବ ଗୋଲ ହୋଇ
ସିନେମାକୁ ଯିବା ତାର କେବେହେଲେ ବନ୍ଦ ହେବ ନାହିଁ
ରୁମାଲରେ ମୁହଁ ପୋଛା ଆଉ ମୋର ସନ୍ଧ୍ୟାର ଅପେକ୍ଷା
ନମସ୍କାର କାଲି ପୁଣି
ରିକ୍ସାଭଡ଼ା କମ୍ ହେବ ନାହିଁ ।
ଆଜି ଏହି ସନ୍ଧ୍ୟାବେଳେ ପତ୍ରସବୁ ଝଡ଼ି ଝଡ଼ି ପଡ଼େ ପତ୍ର ଝଡ଼ା ଥମିଯିବ ନାହିଁ ।

ଏ ମୋର ମନର ତଳେ ଏ ସହର ଯଦି କେବେ ଥମିଯାଏ ରହିଯାଏ
ଅକସ୍ମାତ୍ ସ୍ଥିର ହୋଇ ସ୍ତମ୍ଭୀଭୂତ ହୋଇ
ଏ ହାତ ଉପରେ ମୋର ଅକସ୍ମାତ୍ ଛିଡ଼ାହୁଏ ହଠାତ୍ ସମୟ
ଏ ହାତ ଉପରେ ମୋର ଟିକ୍ ଟିକ୍ ଶବ୍ଦଯାଏ ହଠାତ୍ ଉଭେଇ
ମୁଁ କହିବି ଶୁଣୁଚ ହୋ ଗୋଟେ କଥା ପଚାରିବି ଆଜି
ଜାଣିଚଟି କୁମ୍ଭୀପାକ ନରକରେ ଅସତୀର ଦଶା
ଜାଣିଚଟି ପରିଣାମ ରତ ହେଲେ ପରପୁରୁଷରେ
ଦାଢ଼ି ମୋର କଣ୍ଟାଳିଆ ଯଦିଚ ତା ଫୋଡ଼ି ହୋଇଯାଏ ।
ଶିମିଳି ଗଛର କଣ୍ଟା ବେଶୀ କିନ୍ତୁ କାଟିବ ଗାଲକୁ ଛିନ୍ନ ଭିନ୍ନ ନାଭି କମଳକୁ ।

କାଠଯୋଡ଼ୀ ବନ୍ଧ ଭାଙ୍ଗି ତଡ଼ିଦେବ କଟକ ସହର
ମୁଁ ଚାଲିବି ସୁଅ କାଟି - ଛାତି ତାର ଥିବ ଗୋଲ ହୋଇ
ଦେହର ବିକୃତି ମୋର ମନର ବିକାର ।

ଆଜି ସନ୍ଧ୍ୟା ଛାତିତଳେ ଗୋଟି ଗୋଟି ପତ୍ର ଝଡ଼ିପଡ଼େ
ମୁହୂର୍ତ୍ତ ମୁହୂର୍ତ୍ତ ଯାଏ ଚାପିହୋଇ ଏ ସନ୍ଧ୍ୟାରେ ମୁଠା ଭିତରକୁ
ପଶ୍ଚିମରେ ତେଣୁ ଗାଢ଼ ସବୁ
ଘନୀଭୂତ,
ଝରକା ପାଖରେ ମୋର ସରିନାହିଁ ତଥାପି ଅପେକ୍ଷା
ସାଢ଼େ ଦଶ ରାତି ହୋଇନାହିଁ
ସେ ଫେରି ଆସିବ ଧୀରେ ତା ଯୋତାର ଶବ୍ଦ ପାହାଚରେ
ତା କାନର ଦୁଲ ପରେ ଝିକିମିକି ରାସ୍ତାର ଆଲୁଅ ।
ତା ଓଠର ଆଢୁଆଳେ ଝିକିମିକି ଶହ ଶହ ତାରା
ଆଉ ତାର ନମସ୍କାର ଆସିବ କାଲିକି,
ମୁଁ ଚାହିଁବି ତା ଓଠକୁ, ବ୍ଲାଉଜ୍ ତଳକୁ
ଖୋଜିବାକୁ, ବୁଝିବାକୁ ଗୁପ୍ତ ସେଠି ଯେତେ ଇତିହାସ
ଘଣ୍ଟାକ ଆଗରୁ
କାଠଯୋଡ଼ି ଢେଉ ଢେଇଁ ଆସିନାହିଁ କଟକ ସହର ।

ମନର ବିକୃତି ମୋର ଏହି ଦେହ ମନର ବିକାର
ଏ ଆଖି ଆଗରେ ମୋର ଗୋଲ ତାର ଛାତିର ସମ୍ଭାର ।

ମୁଁ ଦେଖିଛି ସନ୍ଧ୍ୟା କେତେ ମ୍ଳାନ ହୋଇ ଯାଇଛି ମିଳାଇ
ପତ୍ର କେତେ ଝଡ଼ି ଝଡ଼ି ସମୟକୁ ଯାଇଛି ଗୋଡ଼ାଇ
ଆରଶିରେ ମୁହଁ ଦେଖି ମୁଁ ମାପିଛି କେତେ ଗାଢ଼ହୋଇ
ଆଖି ମୋର ଛୁଇଁଛି କୋରଡ଼
ମୁଁ ଦେଖିଛି ତୋଫାନ ଓ ଝଡ଼
କାଠଯୋଡ଼ି ଛାତି ଖୋଲି କେତେ ବାଲି ଦେଇଛି ଉଡ଼ାଇ
ତା'ପରେ ସମାନ ସବୁ ସମତୁଲ ନିଶ୍ଚିହ୍ନ ନିରୋଳ
ସବୁ ଭୁଲ୍ ସବୁ ଠିକ୍ ମୂର୍ଚ୍ଛାହୋଇ ପଡ଼ିଅଛି ଶୋଇ,
ମୁଁ ତାକୁ ପଗରି ନାହିଁ କରି ନାହିଁ କେବେ ମୁଁ ସାହସ
ମୁଁ ଗଣିଛି ଗୋଟି ଗୋଟି ପତ୍ରଝଡ଼ା ମିନିଟ୍ ହାତରେ
ଛୁଇଁଛି ମୁଁ ଗୋଲ ଛାତି ତା'ର
ବୁଝିଛି ମୁଁ ଭ୍ରମରର ଲୋଭ
ତଥାପି, ତଥାପି କିଛି ଆଜିଯାଏ ହୋଇନି ସମ୍ଭବ ।

ଫିଲିମ୍ ସରି ନାହିଁ
ରିକ୍ସାଭଡ଼ା କମି ନାହିଁ, ଏ ହାତ ଉପରେ ମୋର ମିନିଟ୍ କଣ୍ଟା ଥମିଯାଇ ନାହିଁ;
ମୁଁ ରହିଁଛି ଝରକାରେ ପତ୍ର ସବୁ ଝଡ଼ି ଝଡ଼ି ଯାଏ
ପତ୍ର ଝଡ଼ା ଥମିଯାଇ ନାହିଁ ।
ଏ ଗଳିରେ ଜହ୍ନ ଆସେ, ଝରକା ସେପାଖେ ଶୁଭେ ଚଇତର ଗୋପନ ନୂପୁର
ଧୂଳିର ଭଉଁରୀ ଖେଳି କେତେ ଫୁଲ ଲୋଟେ ମହକରେ
କେତେ ବେଣୀ ଫିଟିଯାଏ କେତେ ତାରା ଝଡ଼େ କୁହୁକରେ ।
ମୁଁ ଶୁଣେ ପତର ଛାତି ଛନକାଇ ଚହଲାଇ ନିଭିଯାଏ ହଜିଯାଏ କୂଳ
ଚଇତର ବିମନା ନୂପୁର;

ମୋ ପାଇଁ ଚଇତ କେବେ ଯାଇନାହିଁ ପତର ଥରାଇ
ମୋ ପାଇଁ ଗଳିର ମୋଡ଼ କେବେହେଲେ ଚେଇଁ ଉଠିନାହିଁ

ଯେତେ ଯୁକ୍ତି ତର୍କ ଯେତେ ସବୁ ବାଦ ପ୍ରତିବାଦ ପରେ
ମୋ ପାଇଁ ଯାଇଚି ରହି ଯୁକ୍ତ ଆଉ ବିଯୁକ୍ତ ମୀମାଂସା
ଏକମାତ୍ର ସମାଧାନ ମୋର,

ମୁଁ ଏଠି ଚମକି ଦେଖେ ପତ୍ର ଝଡ଼େ ଥୁଣ୍ଟାଗଛ ଛିଡ଼ାହୋଇ ରହେ
ଢେଉ ପରେ ଢେଉ ଗିଳି ସମୟର ଆଖିଠାର ମାରି
ତା ଓଠର ଫାଙ୍କପରି ପଡ଼ିରହେ ଏହି ଗଳି ମୋଡ଼ ॥

ପ୍ରିୟବାନ୍ଧବୀ

ପଉଷ କୁହୁଡ଼ି ଆସେ ସ୍ୱପ୍ନପରି ଘାରି ଧାନକ୍ଷେତ
ବିଜନ ବାଲିର ଚରେ ଜହ୍ନ ଯେବେ କ୍ଳାନ୍ତ ହୋଇ ନଏଁ
ଗହନ ରାତିର ଆୟୁ କ୍ରମେ କ୍ରମେ କ୍ଷୟ ହୋଇ ଆସେ
ଯେତେବେଳେ ନଈପଠା ଶେଷଥର କର ଲେଉଟାଏ ।

ସେତେବେଳେ କେତେଥର ତୁମର ମୁଁ ପାଇଛି ବା ଦେଖା
ବିକ୍ଷଣ୍ଣ ନଈର ତୁଠେ ଭାରି ବେଣୀ ଫିଟିଗଲାବେଳେ
ତୁମର ଅସ୍ପଷ୍ଟ ଛାଇ ତୁଠେ ତୁଠେ ଛପିଗଲାବେଳେ
ସେତେବେଳେ ତୁମର ମୁଁ ଦେଖିଚି ବା ସନ୍ଦେହର ଦେଖା ।

ସେ ହେଲା ପୁରୁଣା କଥା ଯେତେବେଳେ ଅଳ୍ପ ଥିଲା ଦିନ
ଆଉ ଥିଲା ଆକାଶରେ ରକ୍ତସ୍ରାବ ପଉଷ ସନ୍ଧ୍ୟାର
ତୁମେ ପୁଣି ଯାଇଥିଲ ବାଲିଚର ପାରିହୋଇ ନିଭି
ଆଜି ପରି ଅସଂସ୍କୃତ ଅସମ୍ବୃତ ଭ୍ରାନ୍ତ ସନ୍ଦିହାନ ।

ଧାନକ୍ଷେତ ନଇଁପଡ଼େ ଶୀତଋତୁ ବୁଢ଼ାହୋଇ ଆସେ
ନିଛାଟିଆ ଆକାଶରେ ତାରା ନାହିଁ ପକ୍ଷୀର କାକଳି
ତୁମେ ଆଉ ଆସିନାହଁ ଏ ବାଟରେ ଥରେ ହେଲେ ଭୁଲି
ନିଶବଦ ବାଲିଚରେ ଯେବେ ଯାଏ ପବନ ଗୁମରି ।

ତୁମେ ଆଜି ଥରେ ଆସ ଯଦିଚ ବା ସବୁ ମୂର୍ଛାହତ
ଏହି ଗଛ ବଣଲତା ଆଉ ଢେଉ ଆଉ ବାଲିଚର
ଆକାଶରେ ଜହ୍ନ ଯଦି କ୍ଲାନ୍ତ ପୁଣି ଆବଶ୍ୟକହୀନ
ମୁଁ ତୁମର ଅପେକ୍ଷାରେ ପ୍ରଶ୍ନମୟ ପୁଣି ସନ୍ଦିହାନ ।

ତୁମେ ଯଦି ମିଛ କଥା, ତୁମେ ଯଦି ବହି ଦୋକାନରେ
ଆଧୁନିକ ପ୍ରେମ ଗଳ୍ପ, ତୁମେ ଯଦି ରେଡିଓ ଖବର
ତୁମେ ଯଦି ଫିଲ୍ମ ଗୀତ ଥାର୍ଡକ୍ଲାସ ରେଲ ଟିକଟ ଘର
ତୁମେ ଯଦି ବଜାରରେ ଲୁଗା ଚିନି ଚେରା କାରବାର...

ମୁଁ ପଢ଼େ ଖବର ସବୁ, ବୁଢ଼ା ହୋଇଯାଏ ଶୀତରତୁ
ରଙ୍ଗସବୁ ଛାଡ଼ିଲାଣି ବେକଟାରୁ ଛିଣ୍ଡାଲୁଗା ଭଙ୍ଗା କୋଠାଘର
ଧାନକ୍ଷେତ କାହିଁ କେଉଁ ସ୍ମୃତିଟିକେ କେଉଁ ଅତୀତର
ଏଠି ମୋର ରୁରିପାଖେ ବାଲିଚର ଖାଲି ବାଲିଚର ।

ବାଲିରେ ମୁଁ ବୁଲିଯାଏ ସନ୍ଧ୍ୟାବେଳେ ଆଜିକାଲି ବିବର୍ଣ୍ଣ ସନ୍ଧ୍ୟାରେ
ଏହି ବାଲି ଚରେ ଚରେ ମୁଁ ଦେଖେ ବହୁତ ଲୋକ
            ନାଲି ନେଳି ବହୁତ ରଙ୍ଗର
ନିଛାଟିଆ କେତେବେଳେ ଦୀର୍ଘଶ୍ୱାସ ଜମିଆସେ ଆଉ ରାତି ରୁପିହୋଇ ଆସେ
ଏ ବାଲିରେ ସବୁ ଛାତି ଦୁହିଁ ହୋଇ ହୁଏ ଏକାକାର ।

ତୁମେ ଆସ ଆଜି ଆସ ମିଳଲୁଗା ପାଲଟି ଦେହରୁ
ବନାରସି ସିଲକ ପିନ୍ଧି ସେ ଦେହରେ ହଳଦୀ ଲଗାଇ
ଚମ୍ପାଫୁଲ ବେଣୀ ମୂଳେ, ଚିତ୍ରଲେଖୀ ଛାତି ଯୋଡ଼ିକରେ
ତୁମେ ଆସ ଆଜି ଆସ ମାଟିରୁ ବା ଆକାଶ ଉପରୁ ।

ଯେତେ ବାଲି କୁଢ଼ହୁଏ ଯେତେ ଦେହ ଜଳିପୋଡ଼ିଯାଏ
ତୁମେ ଆସ ତା'ଭିତରୁ ଯେତେ ଯାହା ଅଭଦ୍ର ଅଶ୍ଳୀଳ
ତୁମରି ଓଠରୁ ତଳେ ଟୋପାଟୋପା ଝରାଇ ଝରାଇ
ତୁମେ ଆସ ସତୀତ୍ୱ ବା ପୁଞ୍ଜୀଭୂତ ଯେତେ ବ୍ୟଭିଚାର,

ରାତି ଧୀରେ ଗାଢ଼ହୁଏ ଦୂରର ଏ ଝାଉଁବଣ ଆଢ଼େ
ଚେର ସବୁ ଶୋଷିନିଏ ପ୍ରାଣପଣେ ଏ ବାଲିର ଛାତିତଳୁ ଦାବି
ଏ ନିଶବ୍ଦ ବାଲିଚରେ ଜହ୍ନ ନାହିଁ ନାହିଁ ତାରା ନାହିଁ ଯେବେ
ମୁଁ ଆଣୁଛି ତୁମପାଖେ ମାଟିର ମୋ ଜନ୍ମାନ୍ତର ଦାବି

ତୁମେ ଆଜି ଏଠି ଅବା ବରାଣସୀ କାଶୀ ନଗରରେ
କଳରେ ତୁମର ପାନ, କିମ୍ବା ଗୋଲ ନିଛାଟିଆ ଆରିଶି ସାମ୍ନାରେ
ମୁହଁରେ ତୁମର ସ୍ନୋ; କିମ୍ବା ଯେତେ ଚେତନାର ସୀମା ପାରିହୋଇ
ନିଦରେ ପଡ଼ିଚ ଶୋଇ ତନ୍ଦ୍ରାହତ କେଉଁ ଅସ୍ତ ବନସ୍ତ ଭିତରେ ।

ମୁଁ ତୁମକୁ ପାରେ ଦେଖି ଆଜିଠାରୁ କେତେବର୍ଷ ପରେ
ଅପନ୍ତରା ସମୟର ଛାତିତଳେ କୁଢ଼କୁଢ଼ ଉଚ୍ଛିଷ୍ଟ ଉପରେ
ହାଡ଼ରୁ ପଡ଼େ ମାଂସ ଖସି, ଖୋଳିହୋଇ ଆଖିହୁଏ ଗାଡ଼
ତା ଭିତରେ ଲୟପାଏ ପ୍ରାଣ ମୋର ଆତ୍ମା ମୋର ଆଉ ମୋର
ମାଟିର ଆକାର ।

ଗହୀର ଉପରେ ଯାଏ ଛାଇ ଡେଇଁ କିଆ ବଣ ବେତଲଟା ମୂଳେ ।
ଛାଇଯାଏ ଛପି ଛପି କାଠଯୋଡ଼ୀ ବାଲିଚର, କିମ୍ବା ପୁରୀ
ସମୁଦ୍ର କୂଳରେ ।
ରାତି ଯାଏ ଝରି ଝରି ଆମର ଏ ଦୋକାନ ବଜାରେ
ସ୍ୱପ୍ନଯାଏ ଉଙ୍କିମାରି ଗଳି ଗଳି କୋଠା ସନ୍ଧିତଳେ ।

ମୁଁ ତୁମକୁ ଭଲପାଏ ଚନ୍ଦ୍ରଭାନୁ ଭଲ ପାଇଥିଲା
ସିଂହଳ ଦ୍ୱୀପର ସ୍ୱପ୍ନ ମୁଁ ଯାଇଚି କିଣିବାକୁ ଯେବେ
ଲବଙ୍ଗ ବଣର କଥା, କିମ୍ବା ବ୍ୟଥା କଦମ୍ବ କଢ଼ର
ମୋ ଆଖିରେ ଅବାସ୍ତବ ପାଲଟିଚି ଏ ସହର ତେବେ ।

ଲାବଣ୍ୟବତୀରୁ ତୁମେ ଅବା ରସକଲୋଳରୁ
କୋଣାର୍କ କାନ୍ଥରୁ ଅବା ସିନେମାର ପରଦା ଭିତରୁ
ମୁଁ ତୁମକୁ ଭଲପାଏ ଚନ୍ଦ୍ରଭାନୁ ଭଲ ପାଇଥିଲା
ମୋ ପାଖେ ସିଂହଳ ଦ୍ୱୀପ ଯାତ୍ରା କିନ୍ତୁ ଅସମ୍ଭବ ହୁଏ ।

ତୁମେ ଯେବେ ଆସ ଆଜି ନିଛାଟିଆ ଏ ଯେ ଜନହୀନ
ବାଲଚର ଖୋଲି ଖୋଲି ଚେର ଯେତେ ପଶେ ଭିତରକୁ
ଆଜି ରାତି କୋହ ହୋଇ ମିଶିଯାଏ ବିରାଟ ଶୂନ୍ୟରେ
ତୁମେ ତେବେ ଆସ ଆଜି ବାସ୍ତବ ବା ସ୍ୱପ୍ନ ଆକାରରେ ।

ମୁଁ ତୁମକୁ ଭଲପାଏ ତୁମେ ଦେବ ଚିଠିର ଜବାବ
ତୁମେ ପୁଣି ଫେରିବ ବା ଏହି ରେଳ ଲାଇନ ବାଟରେ
ତୁମେ ପୁଣି ଦେଖାଦେବ ନିଛାଟିର କାଲି ଚରେଚରେ
କେଉଁ ଅସ୍ତ ଜହ୍ନତଳେ ଅବା କେଉଁ ବିବର୍ଣ୍ଣ ସନ୍ଧ୍ୟାରେ ।

ତୁମରି ଦାନ୍ତରେ ମୋର ଓଠ ଯିବ ଛିନ୍ନ ଭିନ୍ନ ହୋଇ
ତୁମର ଛାତିରେ ଯିବ ଦଳିହୋଇ ବାଲିଚର ନିଶୂନ ନିଘଞ୍ଚ
ତୁମର ଦେହର ରକ୍ତ ପାଣିଫାଟି ଥଣ୍ଡା ହୋଇଯିବ
ତୁମର ଭିତରେ ମୋର ଆତ୍ମାଯିବ ନିଶ୍ଚିହ୍ନ ମିଳାଇ ।

ମୁଁ ତୁମକୁ ଭଲପାଏ ପ୍ରାଣପାତ କରି ମୋର ଦେହ ମୋର ବିସର୍ଜନ କରି
ଆଜି ରାତି ଥଣ୍ଡାହୁଏ ଯାକି ହୋଇ ଆସେ ଦିଗ୍‌ବଳୟ
ଭିତ୍ତିହୀନ ତୁମେ ମୋର, ଆଉ ମୋର ଜୀର୍ଣ୍ଣ ସତ୍ତା ପୋତି
ଅନୁର୍ବର ଯୁକ୍ତିହୀନ ମାଡ଼ିବସେ ଦୁର୍ନିବାର ସମୟ ସମୟ ॥

ଶରତ ଋତୁରେ ଜହ୍ନ

ଶରତ ଋତୁରେ ଜହ୍ନଯାଏ ଆଜି ଆସ୍ତେ ଯାଏ
ଡେଇଁଡେଇଁ ଛୋଟଛୋଟ ବଉଦର ସିଢ଼ି
ଏତେବେଳେ ଚକ୍ରବାକ ବୋଧହୁଏ କାନ୍ଦୁଥିବ
ଏତେବେଳେ ବିଛଣାରେ ନିଦ ଭାଙ୍ଗି ଆସୁଥିବ ଲାବଣ୍ୟବତୀର...
ଏତେବେଳେ ଆକାଶରେ ନେଶି ହୋଇଯାଏ ଝାଉଁବଣ
ଏତେବେଳେ ଲୁଣିଖିଆ ଇଟାକାଠ ସିମେଣ୍ଟ ଲୁହାରେ
ଏଠି ମୋର ଘରିପାଖେ କ୍ଷୟପାଏ କ୍ଷୟପାଏ
ନିର୍ବିବାଦେ ରାତିର ଜୀବନ ।

ଚକ୍ରବାକ କାନ୍ଦେ ବୋଲି ସମୁଦ୍ରରେ ଜହ୍ନରାତି ହେଲେ
କେତେଥର ଦେଖିଚି ମୁଁ କାଶଫୁଲ ଭାଙ୍ଗେ ଆସି ଢେଉ
ଏ ବାଲିରେ ବୁଲିବୁଲି ମୁଠାମୁଠା ଶାମୁକା ଗୋଟାଇ
କେତେଥର ଖୋଜିଚି ମୁଁ ଜହ୍ନରାତି ଦିନ ଥାଉଁଥାଉଁ ।

ଶରତ ଋତୁରେ ଜହ୍ନ ଯାଏ ଆଜି ଆସ୍ତେ ଯାଏ, ଚକ୍ରବାକ
ବୋଧେ କାନ୍ଦୁଥିବ
ମୁଁ ତା'ର ରେଖାର ସ୍ୱପ୍ନ ଆଜି ପୁଣି ଚେଷ୍ଟା କରେ
ଏ ଜହ୍ନର ଫିକା ଶ୍ୟାହି ଗୋଳି ଗୋଳି ଆଙ୍କି ରଖିବାକୁ;

ଶିଥିଳ ଅନ୍ଧାର ତଳେ ପବନ ଉଡ଼ାଇ ଯାଏ ଜୀର୍ଣ୍ଣ ଛିନ୍ନ ପତ୍ର ସବୁ
ଧୂଳିମଳି ଖବର କାଗଜ,
ଅତର୍କିତ ତା ଶବ୍ଦରେ ମୁଁ ଚାହିଁଚି କେତେଥର
ବୁଲିପଡ଼ି ତା'ର ବ୍ୟସ୍ତ ଉତ୍ୟକ୍ତ ଓଠରୁ ଜନରବ ସ୍ୱାମୀ ଅବା

ମୋର ମାଂସ ହାଡ଼ ତଳେ ସମୟ ବା ପ୍ରେମର ଦରଜ ।
ଶରତ ଋତୁର ଜହ୍ନ ଆଜି ଯଦି କଥାକୁହେ ପୁଣି ମୋର ସାଇକେଲ ଚଢ଼ି
ବ୍ରେକ୍ ଦେଇ ଧୀରେଧୀରେ କୋଠାଘର ଛାଇରେ ଛାଇରେ
ମୁଁ ଯିବି ନଦେଇ ବେଲ୍ ରାସ୍ତାଛାଡ଼ି ଗଳିରେ ଗଳିରେ...
ହୁଏତ ଓଠରେ ତା'ର ଏ ଜହ୍ନର ସ୍ୱାଦୁ ଥିବ
ଲଟପି ହୋଇ ରହିଥିବ ଚୁପ୍ ହୋଇ ବିରହର ଗୀତ
ମୁଁ କହିବି ତା କାନରେ ଏ ଜହ୍ନ ରାତିରେ ଆସ
ତୁମେ ମୁଁ ଆମେ ଦୁହେଁ - ଆକାଶ ଓ ମ୍ଳାନ ନଈବାଲି;
ତୁମେ ଆଉ ମୁଁ ଦୁହେଁ, ଭଞ୍ଜ ଆଉ ମାନସିଂହ ରାଧାନାଥ ପଢ଼ି
ନିଶ୍ଚିହ୍ନ ମିଳାଇ ଯବା ସ୍ୱାମୀ ଆଉ ଜନରବ ଛାଡ଼ି ।

ଚକ୍ରବାକ କାନ୍ଦି କାନ୍ଦି ମରିଯାଏ ଆକାଶର ତଳେ
ସମୁଦ୍ରର ଢେଉ
ଧାଡ଼ି ଧାଡ଼ି କାଶଫୁଲ ଠେଲି ଆଣି ଫିଙ୍ଗିଦିଏ ଇତସ୍ତତ
ସମୁଦ୍ର ବାଲିରେ
ତା ଓଠ ଭିତରୁ ଦାନ୍ତ ଧାଡ଼ି ଧାଡ଼ି ଦେଖାଯାଏ
ଶରତ ଋତୁର ଜହ୍ନ ଯାଏ ଯେବେ ମରିଯାଏ ଏ ରାତିରେ ଅମୁହାଁ ଗଳିରେ,

ସମୁଦ୍ର ବାଲିରେ ଜହ୍ନ ଆଜି ହୁଏ ଇତସ୍ତତ
ଆକାଶରେ ମେଘ ଆଉ ମେଘ
ଜହ୍ନଯାଏ ତା ଭିତରେ ମରି ହଜି ନିର୍ବିବାଦେ
ସମୁଦ୍ର ବାଲିରେ ସ୍ୱପ୍ନ କାହାର ବା ଚେତନା କାହାର

ତୁମେ ଆଜି ଶୋଇପଡ଼ ଜହ୍ନରାତି ଆସ୍ତେ କ୍ଷୟ ଯାଉ
ଜାକିଜୁକି ହାତଗୋଡ଼, ମୁହଁ ପୋତି ତକିଆ ଭିତରେ
ତୁମର ଉଦ୍‌ଭ୍ରାନ୍ତ ମନ ସ୍ଥିର ହୋଇ ଛପିଯାଉ, ଚୁପ୍‌ଚାପ୍
ଆପେ ଛପିଯାଉ ।
ଏ ଜହ୍ନରେ ବ୍ୟଥା ନାହିଁ ଗୋପ୍ୟ କଥା ନାହିଁ ପୃଥିବୀର
ଏ ବାଲିରେ ସୁପ୍ତି ଲଭୁ ଯେତେ ଚେଷ୍ଟା ଯେତେ ମନସ୍ତାପ

ଆଜି ଯେବେ କାଶଫୁଲ ଠେଲିଆଣି ଫିଙ୍ଗିଦିଏ ଢେଉ
ସ୍ୱପ୍ନାତୁର ପଥଭ୍ରାନ୍ତ ତୁମର ଏ ଉତ୍ତେଜିତ ମନ
ଏ ନିଶବ୍‌ଦ ବାଲିଚରେ ଯୋଡ଼ି ଯୋଡ଼ି ଚିଠିର କାଗଜ
ଭଙ୍ଗାତୁଟା ସ୍ମୃତି ଯୋଖି ଆଜି ଖୋଜେ ଅର୍ଥକାର
କେଉଁ ସୁପ୍ତ ପୃଥିବୀ ବା କେଉଁ ଗୁପ୍ତ ଆକାଶ ସନ୍ଧାନ ॥

ସୁନାର ଝରଣା

ହସି ହସି ଝରିଗଲା ସିମେଣ୍ଟର ଚଟାଣ ଉପରେ
ସୁନାର ଝରଣା;
ସେତେବେଳେ ଏ ଗଳିରେ ଖରାଥିଲା ପୁଣି ଥିଲେ ଲୋକେ
ପୁଣି ଥିଲା ମୋ ଦେହରେ ପଉଷର ପଳିତ ମୂର୍ଚ୍ଛନା ।

ପଉଷର କୁହୁଡ଼ିରେ ତାରା ହଜେ ଜହ୍ନ ହଜିଯାଏ
ଝଡ଼ାପତ୍ର ଠେଲି ଠେଲି ଧୂଳି ଯାଏ ସମୟ ବି ଯାଏ
ଜୀବନରୁ ବର୍ଷଟିଏ ଖସିଯାଏ ଆସ୍ତେ ଖସିଯାଏ ।

ନିଦରେ ମୁଁ ଶୋଇଥିଲି କ୍ଳାନ୍ତ ଦେହ କ୍ଳାନ୍ତ ଥିଲା ମନ
ଆଖିରେ ମୁଁ ସୁପ୍ତି ଥିଲା କାମିଜର ରଫୁରେ ରଫୁରେ
ଏ ଦେହରେ ସ୍ୱପ୍ନ ଥିଲା, ଥିଲା ମୋର ଜୀବନର ଗାନ ।

ଏତେବେଳେ ଅକସ୍ମାତ୍ ଜହ୍ନ ଯଦି ଉଠେ
ଏତେବେଳେ କୁହୁଡ଼ିରେ ଝରିପଡ଼େ ଥୋପି ଥୋପି ତାରା
ଏତେବେଳେ ହଠାତ୍ ମୁଁ ଜାଣିପାରେ ଯଦି
ଦେହରେ ମୋ ଛୁଇଁଗଲା ଛପି ଛପି ଗୋପନ ଦକ୍ଷିଣା ।

ପଉଷର କୁହୁଡ଼ିରେ ଜହ୍ନ ହଜେ ତାରା ହଜିଯାଏ
ହସି ହସି ଝରିଯାଏ ସିମେଣ୍ଟର ଚଟାଣ ଉପରେ
ସୁନାର ଝରଣା,
ତା ଆଖିର ଡୋଳା ତଳେ ଡେଇଁ ଉଠେ ମୋ ମୁହଁର ଛାଇ ।

ମୁଁ ଋହିଁଚି ତା' ଆଖିକୁ ଅପଲକ ପୁଣି ଭାଷାହୀନ
ତା ଓଠରେ ଯେତେ ଫୁଲ ଦଳିହୋଇ ରଙ୍ଗ ଗୋଳିଦିଏ
ମୁଁ ଭାବିଚି ଖୋଜିଯିବି ସେଠି ମୋର ପ୍ରାଣର ସନ୍ଧାନ ।

ତା ପାଦରେ ଛନ୍ଦ ଅଛି, ତା ଆଖିରେ ଝିକିମିକି ତାରା
ତା ଦେହରେ ଯେତେ ଢେଉ ଜହ୍ନ ଆଉ ତାରା ଆଲୁଅର
ତା ବେଣୀରେ ଲୀଳାୟିତ ସ୍ୱପ୍ନ ଯେତେ ଉଆଁସ ରାତିର
ତା ଭିତରେ ଆଶା ମୋର ରହେ ଅବା ଗୋପ୍ୟ ନିରାକାର ।

ଝରଣାର ବେଣୀ ଝୁଲେ ଝରଣାର ଶାଢ଼ୀ ଢେଉ ଖେଳେ
ପଉଷର କୁହୁଡ଼ିରେ ଆଖିରେ ମୋ ଜ୍ୟୋତି ଯେବେ ନିଭେ
ଝରଣାର କୂଳେ କୂଳେ ଆୟୁହତ ମୁଁ ଏକ ପଥିକ
ପାଣି ଖୋଜେ ସ୍ୱପ୍ନ ଖୋଜେ, ଖୋଜେ ମୋର ଦୀପର ଆଲୋକ ।

ସୁନାର ଝରଣାଯାଏ ଝରିଝରି ସିମେଣ୍ଟର ଚଟାଣ ଉପରେ
ପଉଷର କୁହୁଡ଼ିରେ ଝରେଝରେ ଦୁନି ବାର
ଆୟୁ ମୋର ପତ୍ର ଝଡ଼ିପଡ଼େ
ମୁଁ ତାକୁ ପାଇଚି ଭଲ ବ୍ୟର୍ଥତା ମୋ ପୁଞ୍ଜୀଭୂତ କରି
ଜୀର୍ଣ୍ଣ ମୋର ଅବଶେଷ ଜାଳିପୋଡ଼ି ପଉଷର ମ୍ଳାନ ଗୋଧୂଳିରେ ॥

ଅଲକା ସାନ୍ୟାଲ

ତୁମକୁ ବା ସଚ୍ଚିବାବୁ ଦେଖିଥିଲେ କେବେ
ଜାଣେନାହିଁ ଅଲକା ସାନ୍ୟାଲ
ସେତେବେଳେ ଆକାଶରେ ସ୍ୱର୍ଣ୍ଣ ଚିତା ବାଘ ଅବା ହରିଣର ଛାଲ
ଅବା ଥିଲା ଗୋଲ ହୋଇ ହଳଦିଆ ଜହ୍ନର ମଶାଲ ।

ମୁଁ ତୁମକୁ ଦେଖେ ଆଜି ତୁମେ ଦିଅ ବ୍ଲାଉଜ୍‌ର ବୋତାମ
ଝେ ଦାଗ ତୁମେ ଧୁଅ ସେମିଜ୍‌ରୁ ଗରମ ପାଣିରେ
ତୁମେ ପୁଣି କଥା କୁହ ମୁହଁପୋତି ଟେବୁଲ ସେପାଖେ
ତୁମେ ପୁଣି ଉଠି ଆସି ଆସ୍ତେ ବସ ପାଖ ଚଉକିରେ ।

ଦିପହର ଧୂଳି ଉଡ଼େ 'ଖାକି ଆଉ ଫିଲ୍‌ଡ ଗ୍ରେ ଧୂଳି'
ସିଗାରେଟ୍ ଧୂଆଁ ପୁଣି ଭାରିହୋଇ ବସିଯାଏ ଜରିଫୁଲ କାଗଜଫୁଲରେ
କାଉ ଆଉ ବାଦୁଡ଼ିର ଚେଁ ଚାଁ ମିଶିଯାଏ ଏକାଠି ବାହାରେ
କୋଇଲାର ଧୂଆଁ ପୁଣି ନିଶ ମୋଡ଼ି ଉଠେ ରିକ୍‌ସାବାଲା ବାଟ ଯାଏ ଭୁଲି ।

ତୁମକୁ ମୁଁ ଦେଖିପାରେ ଯୋତା ଷ୍ଟ୍ରାପ୍ ତୁମେ ଧୀରେ ଖୋଲ
ତୁମେ ଆସି ଲୋଟିପଡ଼ ବିଛଣାରେ ବେଣୀ ଆଉ ଶାଢ଼ୀ ଅସଂଯତ
ତୁମେ ପୁଣି ଆସ୍ତେ ଉଠ ଲୁଗାପଟା ଠିକ୍ ଠାକ କରି
ଟାଉନହଲ୍ ସଭାରେ ମୁଁ ପାଏ ପୁଣି ତୁମର ସାକ୍ଷାତ ।

ତୁମକୁ ବା ସଚ୍ଚିବାବୁ କେବେ ଥରେ ଚିତ୍ରରଥ ଗନ୍ଧର୍ବ ହାତରୁ
ଛଡ଼ାଇ ଆଣିଲାବେଳେ ତୁମେ କଲ ଜୟ ଜୟ କାର
ତା ପରେ ବା ପୁଣି କେବେ ନୂଆଖାଲି ପଠାଣବସ୍ତିରୁ

ଭାରତର ସ୍ୱାଧୀନତା ଦେଲା ପୁଣି ଦ୍ୱିତୀୟ ନିସ୍ତାର ।
ଦିପହର କ୍ଲାନ୍ତ ହୁଏ ସନ୍ଧ୍ୟା ଆସେ ରେଲପୋଲ୍ ଆଡୁ
କୋଇଲା ଚୂଲିର ଧୂଆଁ ଦେଖା ଆଉ ଯାଏନାହିଁ ଚୁପ୍‌ଚାପ୍ କାଉ ଓ ବାଦୁଡ଼ି
ସିଗାରେଟ୍ ଧୂଆଁ ହୁଏ ଆହୁରି ଜମାଟ ପୁଣି ନରଗିସ୍ ନେତାଜୀ ଫଟୋରେ
ଆକାଶରେ ଜହ୍ନ ପୁଣି ଦେଖାଦିଏ ଅକସ୍ମାତ ଗୋଲ ତାର ତଳ
ଓଠ ରାଗରେ କାମୁଡ଼ି

ମୁଁ ତୁମର ଶୁଣେ ଆଜି ଝଡ଼ପରି ଭୀଷଣ ବକ୍ତୃତା
ମୁଁ ଦେଖେ ତୁମର ଦେହ ହଠାତ୍ ଯାଏ କାଦୁଅ ପାଲଟି
ଛିଣ୍ଡା ଚିଠି କାଗଜରେ ତୁମର ଯା ଅବଶିଷ୍ଟ ରହେ
ପବନ ସେତକ ନିଏ ସଡ଼କରୁ ସାଉଁଟି ସାଉଁଟି ।

ଭଙ୍ଗା ନୂଆଖାଲିରେ ବା କଲିକତା ନୂଆଦିଲ୍ଲୀ ଆଡ଼େ
କାଉ ଆଉ ବାଦୁଡ଼ିର ଚେଁ ଚାଁ, ପୁଣି ଏତେ ଯିବା ଓ ଆସିବା
କଟକରେ ଗଳି ଗଳି ରାସ୍ତା ରାସ୍ତା ଛକରେ ଛକରେ
ରାତିର ପ୍ରସ୍ତୁତି କଷ୍ଟ ସକାଳର ରୁଗ୍‌ଣ ଜନ୍ମ ନେବା ।

ତା ଭିତରେ ତୁମେ ପୁଣି ପ୍ରେମ କର ଗର୍ଭବତୀ ହୁଅ
ସିନେମାର ହ୍ୟାଣ୍ଡବିଲ୍ ମୁଁ ଦେଖୁଛି ତୁମର ଦେହରେ
ପବନ ତୁମକୁ ଯେବେ ଆସ୍ତେ ନିଏ ବାଲିରୁ ସାଉଁଟି
ମୁଁ ତୁମକୁ ସ୍ୱପ୍ନ ଦେଖେ ମୋର ଢିଲା ପାଇଜାମା କାମିଜର ଅମରାବତୀରେ ॥

■

ଚିଠି

ତୁମେ ମୋତେ ଭଲପାଅ...ଜାଣେ ଜାଣେ ଭାରି ଭଲପାଅ
ନିଛାଟିଆ ଜହ୍ନ ତଳେ ପତରର ବ୍ୟଥିତ ସ୍ୱପ୍ନରେ
ପୁଣି ଜୀର୍ଣ୍ଣ ଚଇତ୍ରର ଜରାଗ୍ରସ୍ତ ବିବର୍ଣ୍ଣ ଦେହରେ
ତୁମେ ମତେ ଭଲପାଅ ଜାଣେ ଜାଣେ ଭାରି ଭଲପାଅ ।

ଆଜି ତେଣୁ ଏ ରାତିରେ ନିଶବଦ ଏ ବାଲିଉପରେ
ବାଟୋଇ ପକ୍ଷୀର ଗୀତ ଯାଏ ଯେବେ ଚୁପ୍‌ଚାପ ହୋଇ
ଆଉ ଦୂର ଝାଉଁବଣ ଜାକିଜୁକି ସ୍ଥିର ହୁଏ ନିର୍ବାକ ନିଥର
ଅସ୍ତ ଜହ୍ନ ଆଲୁଅରେ ସ୍ୱପ୍ନଯାଏ ଛାରଖାର ହୋଇ
ମୁଁ ତୁମକୁ ଚିଠି ଲେଖେ ମୋର ଏହି ନିଛାଟିଆ ଘର
ତୁମର ହାତର ଚିହ୍ନ ବିଛଣାରେ ଟେବୁଲରେ, ଟ୍ରଙ୍କ ବାକ୍‌ସ ସବୁ ଜିନିଷରେ,
ତୁମର ପାଦର ଚିହ୍ନ ପାହାଚ ଉପରେ ପୁଣି ଝରିଆଡ଼େ ଝରିପାଖେ
ତୁମର ଦେହର ଚିହ୍ନ ରୋଗଗ୍ରସ୍ତ ଏ ଦେହରେ କ୍ଲାନ୍ତ ମୋର ବିବର୍ଣ୍ଣ ଦେହରେ,

ଏ ରାତିର ଛାତି ତଳେ ଏ ଯେ ସ୍ଥିର ଜମାଟ ସ୍ତବ୍‌ଧତା
ଅସ୍ତତାରା ଆଲୁଅରେ ବାଲିରେ ବା ଦେଖାଯାଏ ପବନର ଇତସ୍ତତ ଦେହ
ଦୂର ଝାଉଁ ଜଙ୍ଗଲରେ ଥଣ୍ଡାହୋଇ ଆସେ ଛାଇ

ସମୁଦ୍ରର ଢେଉରେ ବା ନିରର୍ଥକ ଚେଷ୍ଟା ଆଉ ନଷ୍ଟ ଯେତେ
ଆୟୁଷର କୋହ
ମୁଁ ତୁମକୁ ଭଲପାଏ...ତୁମେ ଆଜି ଦୂରରେ ଦୂରରେ
ଏହି ଅସ୍ତ ଜହ୍ନ ଥିବ ତୁମର ଆକାଶ ଆଡ଼େ ହୁଏତ ବା ତୁମର ଆଖିରେ
ତାରାର ଆଲୁଅ ଥିବ ସ୍ୱପ୍ନ ହୋଇ ଏ କୁହୁଡ଼ି ଆଉ ଏହି ରାତିର ଅନ୍ଧାର
ତୁମେ ବା ଉଠିବ ଚେଇଁ ହଠାତ୍ ଦୁଃସ୍ୱପ୍ନ ଦେଖି ଅକଥିତ କେଉଁ
ଆଶଙ୍କାରେ ।

ମୁଁ ତୁମକୁ ଚିଠି ଲେଖେ ତୁମେ ଦେବ ଚିଠିର ଉତ୍ତର
ତୁମେ ବା ଆସିବ ଫେରି ଅସ୍ତଜହ୍ନ ନିଭିବା ଆଗରୁ
ଏଠି ମୋର ଘରିପାଖେ ଏ ଦେହର ଦୁର୍ଗନ୍ଧ ଓ ଦୁଃସ୍ୱପ୍ନରେ ଆଜି
ମୁଁ ତୁମକୁ ଦେଖିପାରେ ମୋର ଶତ ପ୍ରେତାତ୍ମା ଭିତରେ ।

ତୁମେ ଆସ ଆଜି ଆସ ତୁମେ ମତେ ଭାରି ଭଲପାଅ
ତୁମର ସ୍ମୃତିର ତଳେ ଅତୀତର ଅକଥିତ ଯେତେ ଭୀରୁ ସ୍ୱପ୍ନ ସେପାରିରୁ
ଯେତେ ଆସି ଫେରିଗଲେ ଶରତର ବାଟୋଇ ବଉଦ
ତୁମେ ମତେ ଚିହ୍ନିପାର ଗୀତ ଆଉ କବିତା ଭିତରୁ ।

ମୁଁ ତୁମର ସ୍ୱପ୍ନ ଜାଣେ, ମୁଁ ତୁମର ରାତିର କବିତା
ମୁଁ ତୁମର ଜହ୍ନ ପୁଣି, କାଳିଦାସ ଅନୁବାଦ ପରି
ମୁଁ ତୁମର ବାପ ଭାଇ ସାନ ସାନ ପ୍ରେମିକରୁ ବଳି
ମୁଁ ତୁମର ସତୀତ୍ୱର ଧ୍ରୁବତାରା ସ୍ୱାମୀ ଓ ପ୍ରହରୀ ।

ତୁମେ ତେବେ ଆଜି ଆସ ମୁଁ ତୁମର କ୍ଲାନ୍ତ ଅପେକ୍ଷାରେ
ଛୋଟ ମୋର ଏ କୋଠରୀ ପୃଥିବୀର ଘୂର୍ଣ୍ଣାବର୍ତ୍ତ ତୁଳେ
ଆକାଶର ଅପନ୍ତରା ଡେଇଁ ଡେଇଁ ଆଜି ଯେବେ ଛୁଟେ
ଏ ଦୂରନ୍ତ ଗତି ବେଗ ବ୍ୟାଧିଗ୍ରସ୍ତ ମୋ ଦେହର ଜରାଗ୍ରସ୍ତ
ମୋର ଲୋମ ମୂଳେ ।

ତୁମେ ଆସ ଆଜି ଆସ ନିଶବଦ ଯଦିବା ନୂପୁର
ବାଟୋଇ ପକ୍ଷୀର ଗୀତ ମରି ଅବା ଗଲାଣି ଯଦିଚ
ଆକାଶରେ ଜହ୍ନ ଯଦି ଅସ୍ତ ପୁଣି ମ୍ଳାନ ଯେତେ ତାରା
ଚମ୍ପାବତୀ ଗଳ୍ପ ଯଦି ମିଛକଥା ଖାଲି ବାଜେକଥା ।

ଏ ଦେହ ଉପରେ ମୋର କ୍ଷୟ ହୋଇଯାଏ ରାତି
ସମୟର ପାଦଶବ୍ଦ ତୁମେ ସେଠି ଶୁଣି ପାରୁଥିବ
ତୁମର ପାଚିରୀ ପରେ ପିଠିରଖି ଏ ଥଣ୍ଡା କୁହୁଡ଼ି
ନିଛାଟିଆ ଯେତେବେଳେ ଆରାମରେ ଶୋଇ ପଡ଼ିଥିବ ।

ଏ ରାତିର ପବନରେ ଘୂର୍ଣ୍ଣାବର୍ତ୍ତ ଭିତରୁ ମୋ ତୁମର ସେ ଆକାଶ ଆଡ଼କୁ
ମୁଁ ଆଜି ପଠାଏ ମୋର ଏ ବିରହ ଭୟ ପୁଣି ସ୍ତୂପ ସ୍ତୂପ ନିରର୍ଥକ ବାଲି
ମୁଁ ପଠାଏ ତୁମ ପାଇଁ ମୋର ରୋଗ ଯନ୍ତ୍ରଣା ଓ ମୋର ଦେହର
ଝାଳ ଆଉ ତାତିର ଖବର
ମୁଁ ପଠାଏ ତୁମ ଆଡ଼େ ମୋର ଶତ ପ୍ରେତାତ୍ମାର ନଷ୍ଟ ଯେତେ ଆଶା ଆଉ
ମୋର ପିତୃପୁରୁଷର ଜରା ମୃତ୍ୟୁ ବ୍ୟାଧିର ଖବର ।

ମୁଁ ତୁମକୁ ଭଲପାଏ ତୁମେ ମତେ ଜାଣେ ଭଲପାଅ
ମୁଁ ତୁମର ଅପେକ୍ଷାରେ ପୁଞ୍ଜୀଭୂତ କରି ମୋର ଏ ଦେହର
ଯେତେ କାତରତା ।
ମୋ ଚିଠିର ଉତ୍ତର ବା ତୁମେ ଦେବ ହୁଏତ ନଦେବ
ହୁଏତ ଲେଖିବ ତୁମେ ମୋ ପାଇଁ ବା ବିରହ କବିତା ।

ମୁଁ ଆଜି ତୁମର ବାଟ ଚାହିଁ ବସେ ଏ ରାତିର ଆକାଶରେ ଅସ୍ତ ହୁଏ ତାରା
ମୁଁ ତୁମକୁ ଖୋଜେ ଆଜି କୁଢ଼ କୁଢ଼ ବାଲି ଆଉ ଏ ଘରର
ଆସବାବ ଜିନିଷ ଭିତରେ
ବାଟୋଇ ପକ୍ଷୀର ଗୀତ ମରି ଅବା ଗଲାଣି ଯଦିଚ
ମୁଁ ତୁମର ଅପେକ୍ଷାରେ ମୁଁ ତୁମର ଭ୍ରାନ୍ତ ଅପେକ୍ଷାରେ ।

ତୁମେ ଆଜି ଫେରିଆସ ମୋ' ଦେହର ରୋଗ ଭିତରକୁ
ପିତୃଲୋକ ଆଜି ମୋର ରହିଁଥିବେ ଦୂର ଆକାଶରୁ
ତୁମେ ବା ଆସିବ ଫେରି ଏ ବାଲି ଅପନ୍ତରା ଡେଇଁ
ଗତି ମୋର ଛିନ୍ନ ହେବ ଦୂରନ୍ତ ଓ ଦୁର୍ବିସହ ଏ ଘୂର୍ଣ୍ଣାବର୍ତ୍ତରୁ ॥

ଆଖିର କପୋତ ମୋର

ଆଖିର କପୋତ ମୋର ଆକାଶର ଇସ୍ପାତ ଦେହରେ
ବାଧାପାଇ ପ୍ରତିଦିନ ଫେରିଆସେ ଏହି ପୃଥିବୀକୁ
ଯେଉଁଠାରେ ତୁମେ କର ପ୍ରତିଦିନ ବିଜନ ପ୍ରତୀକ୍ଷା
ଜରାମୃତ୍ୟୁ ବ୍ୟାଧି ପୁଣି ଜୀବନର ଅର୍ଥ ବୁଝିବାକୁ ।
ସମୁଦ୍ରର ଢେଉ ସବୁ ଛୋଟ ଛୋଟ ହାତ ପାପୁଲିରେ
ସ୍ଥବିର ବାଲିର ଦେହ ଯେବେ ଦିଏ ଆଉଁଷି ଆଉଁଷି
ମୁଁ ଯାଇ ବିବ୍ରତ ହୋଇ ଭେଦି ଖରା ଦିପହର ତପ୍ତ ଧୂସରତା
ମୋର ପିତୃ ପୁରୁଷର ସ୍ମୃତି ଖୋଜି ତୁମର ଏ ବିବର୍ଣ୍ଣ ଦେହରେ -
ତୁମେ କୁହ କଥା କୁହ ଘାସ ଆଉ ପତରର ଗୋପନୀୟ କଥା
ଘାଟିବଣ ଜଙ୍ଗଲର କଥା ଯେତେ ଶିଉଳି ଶାମୁକା ଆଉ ସମୁଦ୍ରର କଥା ।

ବିଷଣ୍ଣ ରାତିରେ ଛିନ୍ନ ବଉଦରେ ବିବର୍ଣ୍ଣ ଜହ୍ନର
ଏ ପାରିରୁ ଭାସିଯାଇ ସେପାରିରେ ମରିଯିବା କଥା -
ଚଇତ୍ରର ଜୀର୍ଣ୍ଣ ଦେହ ଏ ବାଲିର ଛୋଟ ଛୋଟ ଭଉଁରୀ ଭିତରେ
ଏପାଖ ସେପାଖ ଯାଏ ଉଡ଼ି ଉଡ଼ି ତୁମେ ନିଅ ସାଉଁଟି ସାଉଁଟି
ତୁମେ ପୁଣି ଭଲପାଅ ତୁମେ ପୁଣି ହାତ ଧରି ଡାକ
ତୁମର ଆତ୍ମା ବା କାହିଁ ? ମୋ ଦେହ ବା ଜୀବନ୍ତ କେଉଁଠି ।
ମେଘର ଇସ୍ପାତ ଦେହ ସ୍ଥିର ପୁଣି ବାଧାପାଏ ସେଠି ତୁମ ମନର କପୋତ ।
ଆଖିର କପୋତ ମୋର ଫେରିଆସେ ଯେତେବେଳେ
ଆକାଶର ଭ୍ରାନ୍ତି ପାରି ହୋଇ
ତୁମର ଦେହରେ ଏହି କ୍ଳାନ୍ତି ଆଉ ଭୋକଶୋଷ ଉତ୍ତେଜନା
ଖେଦ ଆଉ କୋହର ଭିତରେ

ମୋ ଦେହର ସ୍ୱପ୍ନ ଧରି ବହିଯାଏ ସମୟର ନଈ ।
ନିସ୍ତବ୍ଧ ଦିପହରେ ପତ୍ରଝଡ଼ା ଶୁଭେନାହିଁ ଖରାର ନିଃଶ୍ୱାସ,
ଝାଉଁବଣ ମିଶିଯାଏ ଧୂଆଁ ହୋଇ ଆକାଶ ଭିତରେ
ମନେ ମୋର ପଡ଼େ ନାହିଁ କେବେ ମୋର ଆଖିର କପୋତ
ତୁମର ସନ୍ଧାନ ଦିନେ ପାଇଥିଲା କଟକ ବା ଉଜ୍ଜୟିନୀ ସହର ପ୍ରାନ୍ତରେ ॥

ନିହତ ଗୋଧୂଳି

ଏହି ଦୁଇ ଆକାଶର ଧୂସର ଦେହରେ
ଶୀତର ପାଉଁଶ ଗୋଳି ଆସେ ଏ ପଉଷ, କୁହୁଡ଼ି ଓ କାକରର ରାତି,
ଏ ବର୍ଷର ନଷ୍ଟ ଆତ୍ମା ଏ ବାଲିର ଅପନ୍ତରା ପରେ
ଭୁଲିଯାଏ ବାଟ ଅବା ଭୁଲିଯାଏ ପୃଥିବୀର ସ୍ମୃତି ।
ତୁମେ ଆଜି ପାରିହୋଇ ଅନ୍ୟ କେଉଁ ପଉଷର ଅସ୍ତଗାମୀ ତାରା ଓ ଅନ୍ଧାର,

ସମୁଦ୍ରର ମରୁଭୂମି ଆକାଶର ଏହି ନିଃସଙ୍ଗତା,
ଶ୍ରାବସ୍ତୀ ବା ଉଜ୍ଜୟିନୀ ତାମ୍ରଲିପ୍ତ ଦିନାନ୍ତ ଭିତରୁ
ଆମର ଏ ପୃଥିବୀର ଦିନାନ୍ତକୁ ଆସିଚ ବା ଏକା ।
ସ୍ତିମିତ ନିସ୍ତେଜ ସ୍ଥିର ଅସ୍ତଗାମୀ ତାରା,
ସ୍ତିମିତ ନିସ୍ତେଜ ତଳେ କୁହୁଡ଼ି ଓ ଝାଉଁର ଜଙ୍ଗଲ,
ଅବସନ୍ନ ସହରର ଏ ନିଶ୍ଚଳ ସ୍ଥବିର ଦେହରେ
ଏ ବର୍ଷର ନଷ୍ଟ ଆତ୍ମା ତୁମର ବା ପାଇଥିବ ଦେଖା ।
ସ୍ତିମିତ ତାରାର ଲୁହ ଆକାଶକୁ ପୁଣି ଆକାଶକୁ
ଶୀତର କୁହୁଡ଼ି ଯାଏ ପାରି ହୋଇ ଆଜି ଯେବେ ଦିଗନ୍ତରୁ କେତେ
ଦିଗନ୍ତକୁ ।

ଆମର ଏ ପୃଥିବୀର ନଷ୍ଟ ଦେହ ନିହତ ଗୋଧୂଳି
ତୁମର ଦେହର ରଙ୍ଗ ଧରିରଖେ ଜୀର୍ଣ୍ଣ ପତ୍ର ଶାଖାପରେ
ଆମେ ସବୁ ସେଥିପାଇଁ ସନ୍ଧ୍ୟାବେଳେ ସମୁଦ୍ର କୂଳରେ
ଏକଯୁଟ ହେଉ ଆସି ନିଜ ନିଜ ସତ୍ତାର ବିହ୍ୱଳେ ।

ଏ ବର୍ଷର ନଷ୍ଟ ଆତ୍ମା ନିଛାଟିଆ କେତେବେଳେ ଅନ୍ଧାର ଭିତରୁ
ହଠାତ୍ ଆସି ଛିଡ଼ାହୁଏ ସାମ୍ନାରେ ସୁଏଟର ସାଲ ଘୋଡ଼ି ହୋଇ
କେତେବେଳେ ନିଛାଟିଆ ଲାଇଟ୍‌ପୋଷ୍ଟ ପୋକ ଆଉ କୁହୁଡ଼ି ଭତରୁ
ସେ ରହେ ବା ଗତିହତ ପଥଭ୍ରାନ୍ତ ନିର୍ବାକ ଅନାଇଁ ।
ବାଟୋଇ ପକ୍ଷୀର ଗୀତ ଆଜି ଯଦି ମୌନ ହେଲା ସରିଗଲା ଗ୍ରାମଫୋନଗୀତ
ସେକେଣ୍ଡ ସୋ' ଶେଷ ହେଲା, ଶେଷ ହେଲା ଯାତାୟାତ କଳରୋଳ
ସଭା ଓ ବକ୍ତୃତା

ପତ୍ରସବୁ ଝଡ଼ିଗଲା ନିଛାଟିଆ ସଡ଼କ ଉପରେ
କ୍ଳାନ୍ତ ଯଦି ନଇଁ ଗଲା ଆକାଶର ଜହ୍ନର ଭୃଲତା
ଏ ବର୍ଷର କ୍ଳାନ୍ତି ଯେତେ ପୁଞ୍ଜୀଭୂତ ଅପମାନ; ପ୍ରାଣର ବେଦନା
ଆଉ ନଷ୍ଟ ଦେହ ମନର ନିରାଶା,
ବନ୍ଧୁହାନି, ପିତୃହାନି ହତାଶ ପ୍ରେମ ବା' କାର ଚାକିରୀର ଆଶା
ପୁଣି କାନ୍‌ସର ଟିବିର ହତାଶା
କ୍ଳାନ୍ତ ହୋଇ ସବୁ ଯଦି ନିଶବ୍ଦେ ପଡ଼ିଚି ଶୋଇ ମଠ ଓ ହୋଟେଲ
ସବୁ ଶୂନଶାନ ସ୍ଥିର ଓ ନିଶ୍ଚଳ
ମୁଁ ଆଜି ତଥାପି ଚଲେ ତୁମର ଠିକଣା ଖୋଜି ନିଛାଟିଆ ବାଟଘାଟ
ବାଡ଼ି ଆଉ ଝାଉଁର ଜଙ୍ଗଲ ।

ଏ ବର୍ଷର ନଷ୍ଟ ଆତ୍ମା ଦେହ ଏ ରାତିର, ତୁମେ ଯଦି ତା ଭିତରେ ଅଛ
ରାତିର ବିନାଶ ହେଉ ନଷ୍ଟ ହେଉ ଦେହ ମୋର ନଷ୍ଟ ହେଉ
ପୃଥିବୀର ମର୍ମାନ୍ତିକ ଆଶା
ବିନାଶ କାମନା ହେଉ ଲୋପ ହେଉ ପୃଥିବୀର ବର୍ଷା ଆଉ ମେଘର ପିପାସା
ଶାନ୍ତ ହେଉ ସବୁ ଚେଷ୍ଟା ବିଫଳ ପ୍ରୟାସ ଯେତେ, ମୌନ ହେଉ
ମଣିଷର ଭାଷା ।
ଧୂସର ବିବର୍ଣ୍ଣ ଧ୍ୱସ୍ତ କେଉଁ ଏକ ଗୋଧୂଳିର ଅପଚରା ପରେ
ମୁଁ ଯଦି ତୁମର କେବେ ତା ପରେ ବା ପାଏ ପୁଣି ଆଉଥରେ ଦେଖା
ସ୍ୱାମୀ ଆଉ ଜନରବ ପ୍ରଶ୍ନ ପୁଣି ଜଡ଼ ଜଗତର
ସବୁ ଲୋପ ପାଇଥିବ ଦେହ ମନ ସମୟ ଓ ପ୍ରେମଚିଠି ଲେଖା ।

ଦୂରର ଦିଗନ୍ତ ମୋର ନିଭିଯାଏ ଏ ରାତିରେ...ନିଭିନାହିଁ ତାରା
ତାରା ଆସି ଜମାହୁଏ ଫ୍ଲାଗଷ୍ଟାଫ୍ ଘରିପାଖେ... ନିଭିଯାଏ ଆଶା
ଜହ୍ନ ଆଉ କୁହୁଡ଼ିର ସ୍ଥବିରତା ମାଡ଼ିବସେ ମୂର୍ଚ୍ଛାହତ ସହରର ଛାତି
ଏ ବର୍ଷର ନଷ୍ଟ ଆତ୍ମା ଖୋଜି ଅବା ପାଏ ନାହିଁ ନିଃସହାୟ
ମଣିଷର ମର୍ମାନ୍ତିକ ଭାଷା ।

ମୁଁ ତୁମକୁ ଭଲପାଏ ଆଜିର ଏ ପଉଷ ରାତିରେ
ତୁମର ଦେହର ତାତି ନଖ ଆଉ ଦାନ୍ତ ଧାଡ଼ି ଧାଡ଼ି
ମୁଁ ତୁମକୁ ଖୋଜେ ଆଜି ଏ ମାଟିର ମର୍ମଦାହ ଦେଇ
ଆଜି ଯେବେ ପୃଥିବୀର ନଷ୍ଟ ଦେହ ନିହତ ଗୋଧୂଳି ॥

ହରେକୃଷ୍ଣ ଦାସ (ଏକ)

ଆକାଶର ଅନ୍ଧାରରେ ଏ ପୃଥିବୀ ବୋରାବର ଚଲେ
ଭାରସାମ୍ୟ ଠିକ୍ ରଖି ଗ୍ରହତାରା ଜ୍ୟୋତିଷ୍କ ସହିତ
ଭାରସାମ୍ୟ ଠିକ୍ ରଖେ କଟକରେ ହରେକୃଷ୍ଣ ଦାସ...
ଯୌନ ଆଉ ପ୍ରଜନନକ୍ରିୟା ଚଲେ ଠିକ୍ ନିୟମିତ ।

ଆମର ଏ ପୃଥିବୀରେ କେବେ କିଛି ଲୋପ ହୁଏ ନାହିଁ
ମଶା, ମାଛି, ପୋକ ଯୋକ ଲୋକବାକ କାଉ ଓ ବାଦୁଡ଼ି
ରାତିର ଅନିଦ୍ରା ଆଉ ଦିପହର ଝାଳ ଆଉ ତାତି
କେବେ କିଛି ଯାଏନାହିଁ ପୂରାପୂରି ଦେଶରୁ ଉଜୁଡ଼ି ।

ରାଜନୀତି ଭଲଲାଗେ ଭଲଲାଗେ ନାଟକ କବିତା
ହରେକୃଷ୍ଣ ଦାସ ପଢ଼େ ପ୍ରତିଦିନ ଖବର କାଗଜ
ସିନେମାରେ ଛବି ପୁଣି ନିୟମିତ ଚଲିଛି ବଦଳି
ନିୟମିତ ଛୁଟିହୁଏ କିଲଟରୀ ସ୍କୁଲ କଲେଜ ।

ନିୟମ ଓ ହାର୍ମୋନି ଭାରସାମ୍ୟ ଠିକ୍ ଅଛି ସବୁ
ଅବାକ୍ ଆଶ୍ଚର୍ଯ୍ୟ ହୁଏ ହରେକୃଷ୍ଣ ଦାସ ଥରେ ଥରେ
ଚଉଧୁରୀ ବଜାରର ବିକାକିଣା ଠେଲା ଠେଲି ଦେଖି
କାଳର ଏକତା ଏଠି ବ୍ୟବସାୟ କାରବାର କରେ !

ମେଘ ଓ ତାରାର ଯେତେ ଯାତାୟାତ ରେଲ ମଟରର
ମଶା ଓ ମାଛିର ଯେତେ ଯାତାୟାତ ଦିନ ଓ ରାତିର
ହାଫ୍‌ଛୁଟି ଶନିବାର ମାଟିନି ସୋ ରବିବାର ଦିନ
ଏ ସବୁ ନିୟମ ତଳେ କାମକରେ ଗୁପ୍‌ଚୁପ୍‌ ମିଷ୍ଟିକ୍‌ କାର ପ୍ରୟୋଜନ ।

ଏ ପୃଥିବୀ ଠିକ୍‌ ଋଲେ ଠିକ୍‌ ଋଲେ ସମୟର ଗତି
ଆଜିର ନାୟିକା ପାଏ ମାୟା ପାଟ୍‌ କାଲି ସିନେମାରେ
ଆକାଶର ତାରା ଯେତେ କେବେହେଲେ ଗଣିହୁଏ ନାହିଁ
ଆଶ୍ଚର୍ଯ୍ୟ ପୃଥିବୀ ହୁଏ ହତବାକ୍‌ ଅଭିଭୂତ ସୂର୍ଯ୍ୟାସ୍ତ ଭିତରେ !

ସୂର୍ଯ୍ୟାସ୍ତର ଆକାଶରେ ନରାଜ ଓ କାଠଘୋଡ଼ୀ ନିଭେ
ଗୋଟି ଗୋଟି ଜଳିଉଠେ ତାରା ଆଉ ଦୋକାନ ଆଲୁଅ
ମାର୍କ୍ସବାଦ ଗାନ୍ଧିବାଦ ପାମ୍ଫଲେଟ୍‌ ଟିକଟ ବିକାରେ
ଉତ୍ତେଜନା ବେଶ୍‌ ଜମେ ନାରୀ ଆଉ ଶ୍ରମିକ ବିଦ୍ରୋହ ।

ହରେକୃଷ୍ଣ ଦାସ ବସେ ସ୍ୱପ୍ନ ଦେଖି ଝରକା ପାଖରେ
ସେପାଖ କୋଠାର ଝିଅ ପ୍ରତିଦିନ ବୁଲିବାକୁ ଯାଏ
ପ୍ରତିଦିନ ଏ ପୃଥିବୀ ଆକାଶର ଅପନ୍ତରା ଡେଇଁ ?
ଅଜ୍ଞାତ ବା ଅବଜ୍ଞାତ କେଉଁ ଦୂର ଅନ୍ଧାରକୁ ଧାଏଁ ?

ହରେକୃଷ୍ଣ ଦାସ (ଦୁଇ)

ସଂଧ୍ୟା ପୁଣି ଜଳିଯାଏ ଗାଢ଼ଲାଲ ବଣନିଆଁ ପରି
ଆକାଶର କଳା ଧଳା ବଉଦର ପାହାଡ଼ ଉପରେ
ସଂଧ୍ୟା ପୁଣି କେବେ ନିଭେ କୁଢ଼ କୁଢ଼, କଳା କଳା ବଉଦ ଭିତରେ
କୋଇଲା ଚୂଲିର ଶେଷ ଝିକିମିକି ରଡ଼ ନିଆଁ ପରି ।

ଅରଖ ଫୁଲର ଫିକା ବାଇଗଣି ବଉଦ ଉପରେ
ସୂର୍ଯ୍ୟ କେବେ ରହିଯାଏ ମୁହୂର୍ତ୍ତକ ହଳଦିଆ ପ୍ରଜାପତି ପରି
ଆକାଶର ଫିକାନେଳି ହଳଦୀ ଓ ବାଇଗଣି ମୁଠାମୁଠା ବଉଦ ଭିତରେ
ସୂର୍ଯ୍ୟ ପୁଣି କେବେ ନିଭେ ଧୀରେଧୀରେ ଛୋଟ ହୋଇ
ବ୍ୟାଟେରୀ ନଥିବା ସାନ ଟର୍ଚ୍ଚ ଲାଇଟ୍ ପରି ।

ସବୁଜ କବିତା ପରି ହୁଏତ ବା ଏ ପୃଥିବୀ ରୋମାଣ୍ଟିକ୍ ସ୍ୱପ୍ନାଭି ସୁନ୍ଦର
ରେଡିଓରେ ଗୀତପରି ହୁଏତ ବା ଏ ଜୀବନ ଦେହହୀନ କେତୋଟି ମୂର୍ଚ୍ଛନା
'ଧୂପ'ର ବିରହ ପରି ହୁଏତ ବା ଏହି ମନ ଆକାଶର ଭାରାତୁର ମେଘ
ହୁଏତ ବା ଏହି ଦେହ ପମ୍ପାସର ନୀଳନୀରେ ନାଗଲୋକ କନ୍ୟାର କାମନା ।

ତଥାପି ଶୀତର ଥଣ୍ଡା ରାତି ଆଉ କୁହୁଡ଼ିର ଧୂଆଁଳିଆ ଦେହ
ଗଳିରୁ ଗଳିକୁ ଛୁଇଁ ଛୁଇଁ ଲାଇଟ୍ ପୋଷ୍ଟ ବଗୁଲିଆ ସ୍କୁଲ ପିଲାପରି
ଚଉଧୁରୀ ବଜାରର ଆଳୁଅ ଓ ଠେଲାଠେଲି ଗହଳି ଭିତରେ
ଏ ପୃଥିବୀ ଜଣାଯାଏ ବନ୍ଧୁହୀନ ଜ୍ଞାତିହୀନ କେଉଁ ଏକ ଅନ୍ୟ ଦେଶ ପରି ।

ଆଶା ଓ ନିରାଶା ଯେତେ ପ୍ରଚ୍ଛର ଓ ସଭାପରେ ଯୋଜନା ଓ କମିଶନ୍ ପରେ
ଆଶା ଓ ନିରାଶା ଯେତେ ପ୍ରେମଚିଠି ଲେଖାପରେ ଚାକିରୀ ଓ ବାହାଘର ପରେ
ଚଉଧୁରୀ ବଜାରର ଆମ୍ବାଦେଇ ଏତେ ଦେହ ନିରାଶା ଓ ଆଶାର ମଣିଷ

ମିଶିଯାଏ ଢେଉ ହୋଇ ଦୋକାନରୁ ଦୋକାନକୁ
ନାଲି ନେଳି ଆଲମାରି କାଚ ଆଉ ଆଲୁଅ ଭିତରେ ।

ହରେକୃଷ୍ଣ ଦାସ ଋହେଁ ଅବାକ୍ ଆଶ୍ଚର୍ଯ୍ୟ ଆଜି
ଏତେ ଭିଡ଼ ଏତେ ଲୋକ ଏତେ ତେଜ ଦୋକାନ ଆଲୁଅ
ପେଟ୍ରୋଲ ବାସ୍ନାରେ ସରକାରୀ ଜିପ୍ ଗାଡ଼ି "ଷ୍ଟିଅରିଂ ହୁଇଲ"ରେ
ଏହି ଛୁଆଁ ପ୍ରଥମ ଶୀତର
ହରେକୃଷ୍ଣ ଦାସ ଋଲେ ସହରର ବନ୍ଧୁହୀନ ଜ୍ଞାତିହୀନ
"ନମସ୍କାର" "ଜୟହିନ୍ଦ" "ସଲାମ" ଭିତରେ
ହରେକୃଷ୍ଣ ଦାସ ଦିଏ ହଠାତ୍ ଗାଡ଼ିରେ ବ୍ରେକ୍ -
ଅକସ୍ମାତ୍ ଏକି ଭୟ -
କେଉଁ ଘୋର ଦୁର୍ଦ୍ଦିନ ବା କେଉଁ ଘୋର ମହା ପାତକର ।

ଭୟ ଆଉ ପାପ ମିଶି ଏ ସମୟ ଅନ୍ତସତ୍ତ୍ୱା... ଜୀବନର ଭଗ୍ନାଂଶ କେବଳ
ତେଣୁ ଏ ସହରର ଗଳିରେ ଛିନ୍ନ ପ୍ରାଣହୀନ ଦେହ ଓ କାମନା
ତେଣୁ ଏହି ସହରର ବିବର୍ଣ୍ଣ ଦେହରେ ଶୀତ ଖଦଡ଼ ଓ ଉଲ୍‌ର ପୋଷାକ
ଭିତରେ ହଠାତ୍ ଆସି ଛିଡ଼ାହୁଏ ସାମ୍ନାରେ
ଅଭିଶପ୍ତ ମଣିଷର ପାପ ଆଉ ଭୟର ପ୍ରେତାତ୍ମା ।

\ \ \

ଅପରାଜିତାର ଗାଢ଼ ବାଇଗଣି ବଉଦ ଉପରେ
ସୂର୍ଯ୍ୟ କେବେ ରହିଯାଏ ମୁହୂର୍ତ୍ତକ ହଳଦିଆ ପ୍ରଜାପତି ପରି
ମଣିଷର କେତେ ସ୍ୱପ୍ନ ଆଶା ଓ ନିରାଶା କେତେ ଯୋଜନା ଓ କମିଟି
ଭିତରେ
ସୂର୍ଯ୍ୟ କେବେ ନିଭିଯାଏ ଆସ୍ତେ ଆସ୍ତେ ଛୋଟ ହୋଇ
ବ୍ୟାଟେରୀ ନଥିବା ସାନ ଟର୍ଚ୍ଚ ଲାଇଟ୍ ପରି ॥

■

ପିକ୍‌ନିକ୍

ଯେଉଁଠି ଜୁଆର ଆସେ ପୋତିଦେଇ ମୁହାଣର ଘାସ ଖରିବଣ
ଯେଉଁଠି ପାଣିରେ ଆସେ ଅକସ୍ମାତ ଫେଣ ଭାସି ଓଲଟାଇ ମଗରର ପିଠି
ଯେଉଁଠି ପବନ ଯାଏ ଖୋଜି ଖୋଜି ସାପ ଗାତ ଗୁଡ଼କଙ୍କ
ଘାସ ତଳେ ତଳେ
ଯେଉଁଠି ଧୂସର ସବୁ ବାଲି ଓ ଚିଲର ରଙ୍ଗ କଂକଡ଼ା ଓ କୋକିଶିଆଳିର
ଆଜି ସେଠି ଯାଉଥିବ ଅସ୍ତହୋଇ ସ୍ତବ୍ଧ ହୋଇ ଏ ରାତିର ଜହ୍ନ ।

ଆମେ ସବୁ ବେଳେ ବେଳେ ରୋମାଣ୍ଟିକ୍ ମନନେଇ ଗପସପ କରି
ସାହିତ୍ୟ ଓ ରାଜନୀତି ଛାଡ଼ିଦେଇ ଚିଠାକରୁ ଯିବାକୁ ସେଠିକି
ଟିଣ ଦୁଧ, ଚା, ଷ୍ଟୋଭ
ସିଗାରେଟ୍ ଡିଆସିଲି ଯଥେଷ୍ଟ ଯଥେଷ୍ଟ
କ୍ୟାମେରା ଓ ଗ୍ରାମଫୋନ୍, ଆଉ ପୁଣି ଯଦି ହୁଏ ଜଣେ ଜଣେ ଆମର
ପ୍ରେମିକା...
ଜହ୍ନଯାଏ ଧୀରେ ଧୀରେ ଶେଷକୁ ନିସ୍ତେଜ ହୋଇ
ଆମେ ସବୁ ଚାହିଁ ଦେଖୁ ବାରବାଟି ଚାରିପାଖେ ନିଛାଟିଆ ଗଡ଼ର ପରିଖା ।

ହାତ ଯଦି ରହିଯାଏ ଚୁପ୍‌ଚାପ୍ କେବେ କେବେ ପକେଟ୍‌ରେ
ଟେବୁଲ୍ ଉପରେ
ଆମେ ସବୁ କଥା କହୁ ଚିଠି ଲେଖୁ ଟାଇପ୍ କରୁ ଗୀତ ମଧ୍ୟ ଗାଉ
ବେଳେ ବେଳେ ସ୍ୱପ୍ନ ଦେଖୁ -
ମାର୍କସବାଦ ଗାନ୍ଧିବାଦ ଆଲୋଚନା କରୁ...
ଜୁଆର ହୁଏତ ଆସେ ପୋତିଦେଇ ମୁହାଣର ଘାସ ଖରିବଣ
ତା ପରେ ହଠାତ ଯାଏ କଥା ସରି ଆମରି ମୁହଁରୁ ।

ଆମର ସରିଚି ଶୋକ ସକାଳ ଓ ସଂଧ୍ୟାର ପ୍ରାର୍ଥନା
ଆମର ସରିଚି ଜନ୍ମ ସଂଗ୍ରାମ ଓ ସ୍ୱପ୍ନର ସାଧନା
ଆମର ସରିଚି ମୃତ୍ୟୁ ଦେହ ଆତ୍ମା ପ୍ରାଣର ବେଦନା
ଆମର ସରିଚି ମୁକ୍ତି ରାବଣ ଓ ରାଧାର ବନ୍ଦନା...।

କେଉଁଠି ଜୁଆର ଆସେ ପୋତିଦେଇ ମୁହାଣର ଘାସ ଖରିବଣ ?
କେଉଁଠି ଫେଣରେ ନାଚେ ଜୀବନର ଇନ୍ଦ୍ରଧନୁ ମରଣର ଆଦିମ ଆହ୍ୱାନ ?
କେଉଁଠି ପବନ ଯାଏ ଗୁଡ଼କଙ୍କ ଘାସତଳେ ଖୋଜି ଖୋଜି ପ୍ରାଚୀନ
ଏ ପୃଥିବୀର ପ୍ରାଣ ?
କେଉଁଠି ଧୂସର ବାଲି ଧରିରଖେ ସ୍ମୃତି ସବୁ ଅସ୍ତଗାମୀ ଜହ୍ନର ସନ୍ଧାନ ?

■

ଛୁଟିର ଖରା

ପାଛୁଡ଼ା ଧାନର ଫେପା ଛାଇଯାଏ ଆକାଶ ଆକାଶ ହଳଦିଆ ସୋରିଷ କିଆରୀ
ଅଶ୍ୱତ୍ଥ ଗଛର ଖରା, ନିଛାଟିଆ ଖଜୁରୀ ଗଛର
ପାଛୁଡ଼ା ଧାନର ଫେପା ଆକାଶର ଏପାରି ସେପାରି ।
ନରମ ଆକାଶ ଆଉ ନାଲି କଇଁ ଶୂନ୍‌ଶାନ୍ ବେଣା ବାଲିଚର
ନିଛାଟିଆ ଜୋର ପାଣି ନିଛାଟିଆ ନେଳି ଶିଉଳିରେ ହଳଦିଆ ଏଇ ଦିପହର ।

କ୍ଲାନ୍ତି ମୋର ଧୋଇଯାଉ ନିଛାଟିଆ ନରମ ଖରାରେ
ଡାହୁକ ଡାକର ଖରା, ନାଲି ନାଲି ବରଫଳ ବେତକୋଳି ଖଜୁରୀକୋଳିର
ଅତଡ଼ାରେ ଖଣା ଖାଲ ଆଉ ଧଳା ବାଲିଚର ଖରା
ଦେହ ମୋ'ର ଧୋଇ ଯାଉ ଘାସ ଆଖିପତା ନରମ ଖରାରେ ।

ପାଛୁଡ଼ା ଧାନର ଫେପା ଛାଇଯାଏ ଆକାଶ ଆକାଶ...
ଛାଇଯାଏ ଆକାଶରେ କାଚ ଆଉ ଚିକ୍ ଚିକ୍ ଜରିର କାଗଜ ।
ଦୋକାନର ପାହାଚରେ ଜରି ଆଉ କାଗଜର ଖରା...
ତୁମର ଓ ମୋ ଭିତରେ ଚା', କଫି, କାଚ ଗ୍ଲାସ
ଛୋଟ ଛୋଟ ଚୁମୁଚରେ ଆଶଙ୍କା ଓ ଅବସୋସ
ଜୀବନର କ୍ଲାନ୍ତି କେତେ କାରୁଣ୍ୟ ଓ ପ୍ରାଣର ଦରଜ ।

ତୁମର ମନର କ୍ଲାନ୍ତି ଆଜି ଯଦି ଧୋଇଯାଏ ଟେବୁଲର ନରମ ଖରାରେ
ହଳଦିଆ ଚା, କଫି, ସରବତ ଦୋକାନ ଖରାରେ...
ଆମର ଏ ବାଟଚଲା, ପୂଜାଛୁଟି, ଖରାଛୁଟି ଗୋଟି ଗୋଟି ରବିବାର
ଅସରନ୍ତି ଖରା ଆଉ ଦିପହର ଅବସନ୍ନ ଆସକ୍ତି ଭିତରେ ।

ହୁଏତ ତୁମେ ଓ ମୁଁ ପ୍ରାଚୀନ ଏ ପୃଥିବୀର ଦିଗନ୍ତ ଉପରେ
ପ୍ରାଚୀନ ଖରାର ବାଟ ଚିହ୍ନିପାରି ଆପଣାର ଦିଗ
ଆପଣାର ବାଟ ପୁଣି ପାଇବୁ ହଠାତ୍ ଫେରି...
ନରମ ଖରାର ମେଘ...
ଧାନର ନରମ ଖରା...

ଜୀବନର ହଳଦିଆ ଛୋଟ ଛୋଟ ମୁହୂର୍ତ୍ତର ଆକସ୍ମିକ ନରମ ଦେହରେ ।
ପାଛୁଡ଼ା ଧାନର ଫେପା ଛାଇଯାଏ ଆକାଶ ଆକାଶ
ଡାହୁକ ଡାକର ଖରା ନିଛାଟିଆ ବାଲିଚର ଖରା
ଆଜି ତେଣୁ ଡାକିନିଏ ସହରର ରେଳପୋଲ ଡେଇଁ
ତୁମକୁ ଛୁଟିର ଖରା ଝରାପତ୍ର ବାଲିଚର ଖରା ।

ଚୁପ୍‌ଚାପ୍ ବାଲିଚର, ଗାଁ ସ୍କୁଲ, ଡାକ ପିଅନ ସାଇକଲ ଘଣ୍ଟି
କେଉଟ ସାଇର ଢିଙ୍କି ଚୁପ୍‌ଚାପ, ଲୁଗାନାହିଁ ଧୋବାତୁଠ ଆଡ଼େ
ଗୁରୁବାର ଚିତା ନାହିଁ ମାଣବସା ହୁଳହୁଳି ସଉତୁଣୀ ଶାଶୁ ବୋହୂ କଳି
ଶୂନ୍‌ଶାନ୍ ତୁମ ଗାଆଁ ଆମ ଗାଆଁ
ବିଷଣ୍ଣ ଏ ଶ୍ରୀହୀନ ଖରାରେ ।

ହଳଦିଆ ଦିପହର ବୋରଝାଞ୍ଜି ଶିଉଳିର ଖରା
ନିଛାଟିଆ ନହଣର ଗେଣ୍ଡାଳିଆ, ଘାସ ଆଉ ନରମ ଆକାଶ
ପାଛୁଡ଼ା ଧାନର ଫେପା ଉଡ଼ିଗଲା ଆକାଶ ସେପାରି ?

ଦୃଷ୍ଟିର ଦିଗନ୍ତ

କେତେ କିଆ ଶିଯୁ କେତେ ଧାନଗଛ ପତର ଉପରେ,
ଥକାହୋଇ ଏହି ଖରା ଫିକାରଙ୍ଗ ଏହି ଦିପହର
ଝିଣ୍ଟିକାର ଫିକା ଦେହ ଘାସ ତଳେ ମିଶାଇ ମିଶାଇ
ନିଛାଟିଆ ବିଲ ଘାରି ଏହି ଖରା ଶୋଇ ପଡୁଥିବ ।

ହୁଏତ ବା ଏ ସହର ଆରପାଖେ ଗୋଡ଼ିବାଣ ଫୁଲର ରଙ୍ଗରେ
ସମୟର ଏହି ଭୟ ସୂର୍ଯ୍ୟାସ୍ତର ନିରାଶା ଓ ନିଶାନ୍ତର ଶଙ୍କିତ ଚେତନା
ହୁଏତ ବା ଛପିଯିବ ପ୍ରଶ୍ନ ଓ ସମସ୍ୟା ସବୁ
ଦୁଃଖ ଓ ଦୁଃସ୍ୱପ୍ନ ଯେତେ
ଗୋଡ଼ିବାଣ ଫୁଲର ରଙ୍ଗରେ ।

ଏ ଖରାର ନିଦ ଠିକ୍ ନିଛାଟିଆ ଧାନବିଲ ଆଡ଼େ
କାଠକଟା ଚଢ଼େଇର ଡାକପରି ଅବୁଝା ଉଦାସ
ନିଛାଟିଆ ଜୋର ତଳେ କଇଁନାଡ଼ ଦଳ ଆଉ ଫିକାନେଳି ଶିଉଳି ଭିତରେ
କଉମାଛ ନିଦପରି ଏ ଖରାର ନିଦ ଠିକ୍
ଏ ଗଳିର ଡସ୍‌ଟବିନ୍ କାନ୍ଥ ଓ କବାଟ ପାଖେ
ନିଛାଟିଆ ଶିଥିଳ ଉଦାସ ।

ଆଜି ଯେବେ ଏ ଖରାର ସ୍ୱପ୍ନ ଆସେ ମୋ ମନରେ
ଏହି ଝେରା ଦକ୍ଷିଣାରେ ଧାନକଟା ମହକ ଓ ନିଛାଟିଆ ବିଲ
ନିଛାଟିଆ ଝଲତଳେ ଧାର ଧାର ପିମ୍ପୁଡ଼ି ଓ କଙ୍କିଡେଣା ଅସରପା ଗୋଡ଼
କେତେ ଅପା, ନୂଆବୋଉ, କେତେ ଖୁଡୀ, ବଡ଼ମାଆ
ହନୁମାନ ମୁଖା ଗାଆଁ ଆଖଡ଼ା ଘରର...

ମୋ ମନରେ ସ୍ୱପ୍ନ ଆସେ ଆଜି ଝେରା ଦକ୍ଷିଣାରେ...
ମୋ ମନରେ ଘାରେ ଆଜି ପକ୍ଷାଘାତ ରୋଗପରି
ଏହି ଖରା ଦିପହର ଧୂସର ଓ ନିଷ୍ଠୁର ଧୂସର ।
ଧୂଳି ଓ କାଗଜ ଫୁଙ୍କି ବୁଲି ବୁଲି ଛୋଟ ଛୋଟ ଭଉଁରୀ ଭିତରେ
ଏ ଝେରା ଦକ୍ଷିଣା ଆଜି ଝାଞ୍ଜିହୁଏ -
ଏହି ତାତି ଆକାଶର ପିଚ୍ ସଡ଼କର...
ଆଜିର ଏ ରବିବାର ଦିପହର ନିଦ ଠେଲି ପଛରୁ ଏ ସ୍ୱପ୍ନ ଆସେ
ଗୋଡ଼ିବାଣ ଫୁଲର କଢ଼ର
ଆଜିର ଏ ସ୍ୱପ୍ନ ଆସେ ପାରିହୋଇ କେତେ ବିଲ
କେତେ ବାଙ୍କ ବୁଲାଣି ଓ ପାରିହୋଇ କେତେ ରେଳପୋଲ ।
ତେଇଁ କେତେ ଅପନ୍ତରା ଶଗଡ଼ ଗୁଳାର ଧୂଳି ସ୍ମୃତି ଆସେ ସ୍ୱପ୍ନ ହୋଇ
ଦୂରାନ୍ତର, କେତେ ବ୍ୟର୍ଥ ଦୃଷ୍ଟିର ଦିଗନ୍ତ...

ଏ ଦୃଷ୍ଟିର ଦିଗନ୍ତରେ ଚରମ ଏ ପିପାସାର ଚରମ ବ୍ୟର୍ଥତା
ହୁଏତ ନିସ୍ତାର ଖୋଜେ ଦୂର ଗାଆଁ ଜୀବନର ଦାରିଦ୍ର୍ୟ ଅଭାବ ଆଉ
ସମୟର ନିରର୍ଥକ ସମବେଦନାରେ
ଆଜି ତେଣୁ ମୋ ମନରେ ଗୋଡ଼ିବାଣ ଫୁଲ ଫୁଟେ
ପତ୍ର ଝଡ଼େ ଅଶ୍ୱତ୍ଥର ଝଡ଼ାପତ୍ର ।

ଥୁଣ୍ଟାଗଛ କୋରଡ଼ ଭିତରେ
ପବନ ଗୁମୁରି ଯାଏ
ସକାଳ ଓ ଦିପହର ତାରା ଓ ଅନ୍ଧାର ତଳେ
ନିଶବଦ ମଶାଣିରୁ ଜୁଇଗାଡ଼ ଓ ଛିଣ୍ଡାକନା ଖପରା ଉପରେ ॥

କାଳପୁରୁଷ

॥ ଏକ ॥

ବର୍ଷାଋତୁ ନିଷ୍ଠୁର ନିର୍ମମ, ଫୁଟାଇ ରଙ୍ଗଣି ଫୁଲ ଖତକୁଢ଼
କାନ୍ଥ ବାଡ଼ ମୂଳେ, ହାଡ଼ରେ ଥରାଇ ରସ, ମାଟିତଳେ ଚେର ମୂଳ ଟାଣି
ବର୍ଷାପଡ଼େ ବର୍ଷାପଡ଼େ ଝରି, ଥରାଇ ମୁମୂର୍ଷୁ ଆମ୍ବ ଥୁଣ୍ଟା ଗଛ
ଶିଅ ମୂଳେ ମୂଳେ, ବର୍ଷା ପଡ଼େ ଝରିଝରି ଅସରନ୍ତି ବର୍ଷା ପଡ଼େ ଝରି ।
ବୈଶାଖ ଓ ଜ୍ୟେଷ୍ଠ ଖରା, ଆକାଶର ଟିଣ ଛାତ ତଳେ
ମୂର୍ଚ୍ଛାରେ ଆହତ ଯେବେ ଥିଲା ସବୁ, ସବୁ ଥିଲା ଉତ୍ତେଜନା ହୀନ
ହାଡ଼ରେ ନଥିଲା ଚେଷ୍ଟା, ସ୍ନାୟୁ ଶିରା ପ୍ରଶିରା ଭିତରେ
ଆଶାର ନଥିଲା ଦ୍ୱନ୍ଦ୍ୱ ବିରକ୍ତି ବା କାହାର ଆସକ୍ତି,
କେତେବେଳେ ଘରପୋଡ଼ି, ଖଙ୍କାପେଟ କୁକୁର ଜିଭରେ
ଟୋପାଟୋପା ନାଳ ତଳେ ଥିଲା ଯାହା ମୁମୂର୍ଷୁ ଜୀବନ ।

ବେଶଥିଲା ଠିକ୍ ଥିଲା ସବୁ
ସେ ଦିନ ଆସିଲା ବର୍ଷା ଛିନ୍ନଭିନ୍ନ ବିଶୃଙ୍ଖଳା ଅସଂଯତ ବଉଦର ସୁଅ
ପକେଟରେ ହାତ ରଖି ଚମକୃତ ବିସ୍ମିତ ମୁଁ ଛିଡ଼ାହୋଇ ମହାନଦୀ କୂଳେ
ଅବାକ୍ ମୁଁ ଲକ୍ଷ୍ୟ କଲି ଆଷାଢ଼ର ଅଶ୍ଳୀଳ ଉଦୟ ।
ସେଦିନ ବାହାରେ ବର୍ଷା ମେସ୍‌ଘର ଉଷୁମ ଭିତରେ
ବ୍ରିଜ୍ ଖେଳ ଜମିଲା ସେଦିନ
ଟିକା, ରଜା, କଳାପାନ, ନାଲିପାନ୍, ଚାହାକପ୍, ସିଗାରେଟ୍ ଧରି
ସେଦିନ ଆସିଲା ଫିଟି ବେଣୀପରି ଭାରାକ୍ରାନ୍ତ ଆଷାଢ଼ ଶ୍ରାବଣ ।
ମନେପଡ଼େ ଦେଢ଼ବର୍ଷ ତଳେ
ଦେଢ଼ବର୍ଷେ ତଳେ ଥରେ ପଡ଼ିଥିଲି ପ୍ରେମରେ ତୁମର ।

କହୁଥିଲି କାନେ କାନେ ଝରିପଡୁ ଝରିପଡୁ, ବର୍ଷାପରି ସବୁ ଝରିପଡୁ
ତୁମର ବେଣୀରୁ ଫିଟି ଝରିପଡୁ ଆଷାଢ଼ ଶ୍ରାବଣ ।
ଏକିରେ ଅନ୍ଧାର ଉଠେ ଗିଳି ରେଖା ଆକାର ପ୍ରକାର
ସୀମିତ ମୋ ପୃଥିବୀର ଦିଗହଜେ, ହଜିଯାଏ ଉପର ଓ ତଳ
କ୍ଳାନ୍ତ ମୋର ଦେହ ଚପି ମାଡ଼ିଆସେ ବାଲିଚର ମାଡ଼ିଆସେ ବାଲି ଓ ଅନ୍ଧାର ।
ପାଦ ଯେବେ ଛନ୍ଦିଦିଏ ଅନ୍ଧାରରେ ଗୁଡ଼କଙ୍କ ନଟା
ଦେହ ମୋର ଘେରି ରଖେ ସ୍ତୁପ ସ୍ତୁପ କୁଢ଼ କୁଢ଼ ବାଲି ଓ ଅଙ୍ଗାର
ନିରର୍ଥକ ଆତ୍ମହତ୍ୟା ନିରର୍ଥକ ଯେତେ ଅପବ୍ୟୟ
ବୋଧିଦ୍ରୁମ ତଳେ ଅବା ଫାସିଦିଆ ବରଗଛ ତଳେ
ଭୋକ ଶୋଷ କମି ନାହିଁ, ସରି ନାହିଁ ଲୋପ ପାଇନାହିଁ ।

ଭୋକ ମରି ଯାଇନାହିଁ ନିଛାଟିଆ କଟକ ଗଳିରେ
ଆଜି ତେଣୁ ଗତିହୀନ ଛୋଟ ଏକ ବର୍ତ୍ତମାନ ଧରି
ଗଳି ପରେ ଗଳି ଡେଇଁ କୁଢ଼ କୁଢ଼ ବାଲି ଡେଇଁ ଡେଇଁ
ମୁଁ ଆଜି ଚାଲିଚି ଖୋଜି ତାରା ଆଉ ଜହ୍ନରାତି ଚୁପ୍‌ଚୁପ୍ ପବନର କଥା
କୁଢ଼ କୁଢ଼ ଅଙ୍ଗାର ଓ ଅନ୍ଧାରର ସୁଡ଼ଙ୍ଗ ସେ ପାଖେ
ଆଇସ୍‌କ୍ରିମ୍ ଲେମନେଡ୍ ଝରଣାର ନିରୁକ୍ତ ମମତା ।
ହେ ଅକ୍ରୁର, ହେ ଉଦ୍ଧବ ସଖା ମୋର ପ୍ରାଣର ଦୋସର
ରୁହ ରୁହ ଛିଡ଼ାହୁଅ ପିଠିରେ ମୋ ତୁମପରି ବୋଝ
ଅନ୍ଧାରରେ ପାଦ ଯେବେ ଛନ୍ଦିଦିଏ ଗୁଡ଼କଙ୍କ ନଟା
ଶୁଖେ ଛାତି ଭାଙ୍ଗେ ହାଡ଼ ବଢ଼ି ଉଠେ ବଢ଼ି ଉଠେ ଶୋଷ ।

ମନେପଡ଼େ ଦେଢ଼ବର୍ଷ ତଳେ
ପ୍ରେମରେ ମୁଁ ପଡ଼ିଥିଲି ପଞ୍ଚମରେ ଶୁକ୍ର ଅବା ଶନି
ନବମରେ ବୃହସ୍ପତି କେଉଁ କ୍ଷେତ୍ରେ ରାହୁ ପୁଣି ଚନ୍ଦ୍ରର ଚଳନ ?
ଲଞ୍ଜା ତାରା ଯଦି ଆସେ
ଆକାଶରେ ଜହ୍ନଯାଏ ହଠାତ୍ ଲାଲ୍ ହୋଇ
ଖଡ଼ିରତ୍ନ କହିଥିଲେ ଜ୍ୟୋତିଷ ସେ ସପ୍ତ ପୁରୁଷର
ପଶ୍ଚିମରୁ ଯେ ଆସିବ ନାରୀ ଅବା ଅର୍ଦ୍ଧନାରୀ କିମ୍ବା ଖଞ୍ଜ ବିକୃତ ପୁରୁଷ
ବାମ ଅଙ୍ଗ ପଙ୍ଗୁ ତାର ବର୍ଣ୍ଣ ହେବ ଈଷତ୍ ପିଙ୍ଗଳ

ତା ସହିତ ସହବାସ ଅବା ଉପବାସ
କଦାଚିତ୍ ନକରିବ, ଚକ୍ଷୁହାନି, ଅଙ୍ଗହାନି, ହାନି ଦେହ ଆୟୁଷ ତୁମର ।

ପ୍ରେମରେ ମୁଁ ପଡ଼ିଥିଲି, ମ୍ଳାନ ଜହ୍ନ ବଉଦ ଭିତରେ
ଆଉ ନଈ ପଠା ଚୁମି ରୋମାଞ୍ଚିତ ରୋମାଞ୍ଚିତ ଢେଉ
ସେଦିନ ରାତିରେ ଯେବେ ତୁମେ ମୁଁ ଫେରିଲୁ ଘରକୁ
ଅସ୍ତବ୍ୟସ୍ତ ସେ ବେଣୀରେ ପଡ଼ିଥିଲା ଶାନ୍ତ ହୋଇ ଢେଉ
ରାତିର କାକର ସବୁ ଥଣ୍ଡା ହୋଇ ଏକଜୁଟ ହୋଇ
ତୁମର ଆଖିର ତଳେ ବାନ୍ଧିଥିଲା ଜମାଟ ବରଫ
ମୁଁ କହିଲି ଭଲପାଅ, ଭଲପାଅ ସତେ ଭଲ ପାଅ
ମୁଁ ଶୁଣିଲି କାନରେ ମୋ ହାଡ଼ ଆଉ ମାଂସର ସ୍ପନ୍ଦନ
ମୁଁ ଦେଖିଲି ବାମ ଅଙ୍ଗ ପଙ୍ଗୁ ମୋର ବର୍ଣ୍ଣ ମୋର ଈଷତ୍ ପିଙ୍ଗଳ ।।

ଏ ସହର ମୁହଁ ପରେ ଗୋଳି ଗୋଳି ପାଉଁଶ ଅଙ୍ଗାର
ରାତିର କୁହୁଡ଼ି ଝୁଲେ ବାଟବାରି ଗଳି ଗଳି ସଡ଼କେ ସଡ଼କେ
ରାତିର ଅଫିମ ନିଶା ଜାକିଜୁକି ଯେବେ ଘୋଟି ଆସେ
ସଙ୍କୁଚିତ ଡେଣା କରି ଯେବେ ଆସେ ଓହ୍ଲାଇ ଆକାଶ
ମୁଁ ଭାବିଲି ଏତେ ଲୋକ ଏତେ ମାଂସ ଏତେ ସ୍ୱାଦୁ କଳା ଧଳା ସାନ ବଡ଼
ଏତେ ହାତ ଗୋଡ଼ର ସମଷ୍ଟି
ଇତିହାସ କାଗଜରୁ ଅବା କାର ଖିଆଲ୍ ଭିତରୁ
ଏମାନେ ଆସିଲେ କାହୁଁ ଝରଣାର ପାଣି ଖୋଜି
ଏତେ ଭୂତ ଭବିଷ୍ୟତ ଗୋତ୍ରହୀନ, ଗାତ୍ରହୀନ ଏ ଅଦ୍‌ଭୁତ ପଙ୍ଗପାଳ ଗୋଷ୍ଠୀ
ସଡ଼କ ଧୂଳିରେ ଛାତି ଧଇଁମାରେ ଇଟାଚୂନ ଚଟାଣ ଉପରେ
ଆଖି ଯେତେ ମାଡ଼ିଖାଏ ରେଲ୍ ଷ୍ଟେସନ ଡାକଘର ଆଡ଼େ ।

ତଣ୍ଟି ଯେବେ ଶୁଖିଯାଏ, ରିକ୍‌ସା ଗାଡ଼ି ଘୋଡ଼ାଗାଡ଼ି ଚଢ଼ି
ଆତ୍ମା ଯେବେ ଏ ସନ୍ଧ୍ୟାରେ ଯାଏ ଯାଏ ନଈକୂଳ ବୁଲି
ଏ ସବୁ ସତ ନା ମିଛ ବର୍ତ୍ତମାନ ଆଜି ଅବା କାଲି ?
ଏ ରାସ୍ତାରେ ବର୍ତ୍ତମାନ, ପୋଲ ତଳେ ଗଛମୂଳେ କେନାଲ୍ ପାଣିରେ
ଏତେ ମୁହଁ ଛାଇପଡ଼େ, ନାକ ନାହିଁ କାନ ନାହିଁ, ନାହିଁ କିଛି ମୁହଁର ଆକାର ।

ଥଣ୍ଡା ଆଖି ଡୋଳା ତଳେ ଖାଲି ବ୍ୟର୍ଥ ଅବ୍ୟକ୍ତ ବିଷାଦ
ଟାଇ କୋଟ୍ ପେଣ୍ଟ ଅବା ଗାନ୍ଧୀ ଟୋପି ସିଲ୍‌କ ଶାଢ଼ୀ ତଳେ
ଖାଲି ବ୍ୟର୍ଥ ବ୍ୟକ୍ତିହୀନ କୀଟ ଆଉ ପତଙ୍ଗ ଶବଦ ।
ସ୍ମାର୍ତ୍ତଦାସ ଇଞ୍ଜିନିୟର ଛିଡ଼ା ହୁଏ କାର୍ ରଖି ସାକାର ଓ ପୁଣି ନିରାକାର
ପ୍ରତିମା ନାୟକ ହସେ ତା ଦେହରେ କଳା ଶାଢ଼ୀ ରୁଜ୍ ଆଉ ବ୍ରଣର ବିକାର ।

ତା ଓଠରେ ଲାଲ ଛେପ ନମସ୍କାର ନମସ୍କାର ସାର୍
ସ୍ମାର୍ତ୍ତଦାସ ଛିଡ଼ାହୁଏ ହଠାତ୍ ନିଜକୁ ଚିହ୍ନି ମିନତି ନାୟକ ଆସେ ମଲ୍ଲୀଫୁଲ
ଫୋପାଡ଼ି ଫୋପାଡ଼ି
ସହର ଉପରେ ଯାଏ ଭାସି ଭାସି ଅସରନ୍ତି ଧୂସର ବଉଦ
ଧୂସର ଏ ଆକାଶରେ ନେଶି ହୋଇ ରହିଯାଏ ପ୍ରତିମା, ମିନତି, ମିରା
ରୁଜ, ବ୍ରଣ, ଚକୋଲେଟ୍, ଲାଲ ଛେପ ରଖିଯାଏ ଦାଗ
ସ୍ମାର୍ତ୍ତଦାସ ଛିଡ଼ାହୁଏ କାର ରଖି କାନ ଡେରି ଶୁଣେ
ସମୟର କ୍ଷୟକାଶ ଶ୍ରାବଣର ଝିପିଝିପି ମର୍ମାନ୍ତିକ ଚେଷ୍ଟାର ଶବଦ ॥

॥ ଦୁଇ ॥

ଏ ବର୍ଷାରେ ଆଶା ଅଛି, ଆଶୀର୍ବାଦ ଅଛି ସ୍ୱାସ୍ଥ୍ୟ ନିରୋଗ ବିଶ୍ରାମ
ନିଘୋଡ଼ ଅନ୍ଧାର ତଳେ ଅଛି ବୁଢ଼ିଅସୁରୁଣୀ ଭୂତକଥା ବାଘକଥା ଅଛି ବୁଢ଼ିମାଆ
ଏ ବର୍ଷାର ଦେହ ତଳେ ଅଛି ଅଛି ଧାନକ୍ଷେତ ଅଛି ଅଛି ଆମ୍ବ ତୋଟା ।

ଦୂର ନଈ ଆର ପାରି ଗାଆଁ
କାଗଜଫୁଲରେ ଛାଇ ଦେହ ଘଷି ଗାଢ଼ ହୁଏ...
(ଝରକା ସେ ପାଖେ)
ଆସୁଚି ବାହାରେ ବର୍ଷା ଡେଇଁ ଡେଇଁ ଛାତରୁ ଛାତକୁ
ଟେବୁଲ୍ ଉପରେ ଯେତେ ଛବି ବହି, ମ୍ୟାଗାଜିନ୍, ନାଲି ନେଳି ଟିଣ ଡବା
ଚିକ୍ ଚିକ୍ ବୋତଲ ଉପରେ
ନାଁ ଆଉ ଟ୍ରେଡ୍ ମାର୍କ ପଢ଼ିହେଉ ନାହିଁ
ସେତେବେଳେ ସୁଇଚ୍ ଟିପି ସେ ଆସି ବସିଲା ଆସ୍ତେ ଟେବୁଲ୍‌ର ଆରିଶି ସାମ୍ନାରେ ।

ତା ଦେହ ଉପରେ ସ୍ୱପ୍ନ କ୍ଲାନ୍ତି ପୁଣି ଆଲୁଅର ମ୍ଳାନ ଇନ୍ଦ୍ରଜାଲ
ଅସଂଯତ ବେଣୀ ମୂଳେ ହଳଦିଆ ରିବନ୍‌ରେ ତେଣୁ ଲାଗେ ଶ୍ରାବଣ ସନ୍ଧ୍ୟାରେ ।

ଆର୍ଦ୍ର ଏକ ଶିହରଣ, ଆଉ ତାର ସ୍ତବ୍ଧ ଛାତିତଳେ
ଶ୍ରାବଣ ଆକାଶ ନଏଁ ଭାରି ହୋଇ, ଆସେ ଆଶା ଆସେ ଅଭିସାର
ତା ଓଠର ଚାରିପାଖେ ସେଥିପାଇଁ ଖେଳି ବୁଲେ ବିରକ୍ତିର ଫିକାହସ ଆଉ କ୍ଲାନ୍ତି
ଧାରା ଶ୍ରାବଣର ।

ବାହାରେ ଡାକିଲା ବର୍ଷା...
କବାଟରେ ପବନ ବା ହାତମାରି ଠେଲି ଦେଇଗଲା
ରାସ୍ତାରେ ବା ଘୋଡ଼ା ଗାଡ଼ି ? ମଟର ହର୍ଣ୍ଣ ? ଜୋତା ମାଡ଼ି କିଏ ଆସି
ରାସ୍ତାରେ ବା ଏଠି ଛିଡ଼ାହେଲା ।

କିଏ ସେ ଡାକୁଚି ତଳେ ? କିଏ ସେ ବାହାରେ ?
ଜୋତା ଶବ୍ଦ ପାହାଚ ଉପରେ
ଆଜି ସନ୍ଧ୍ୟା ବର୍ଷା ଭାରି । ଭାରି ବର୍ଷା । ଆଉ ସବୁ ଭଲ ତ ତୁମର ।
ଭଲ ସବୁ । କଣ ଭଲ । ସବୁ ଭଲ କିଛି ନାହିଁ ଖରାପ ଖବର ।
ଆସ ଆଜି, ତୁମେ ଆସ, ମୁଁ ତୁମର ଅପେକ୍ଷାରେ, ଶ୍ରାବଣର ଛିନ୍ନଭିନ୍ନ
ଫୁଲ ଓ କବିତା
ମୁଁ ଯଦିବା ଏତେଦିନେ ତୁମକୁ ପାଇଚି ଖୋଜି ମୋ ଦେହରେ ଜଳିଯାଏ
ଆଜି କିନ୍ତୁ ଜୀବନର ଚିତା
ଚାଲ ଆଜି ତୁମେ ଚାଲ, ବାହାରେ ବର୍ଷାର ଡାକ, ନୂଆ ଛବି ଆଜି ସିନେମାରେ
ବାହାରେ ମେଘର କ୍ଲାନ୍ତି ଫେରି ଆସ ମୋ ପାଖକୁ ।
ପାନଛେପ ଦାଗ ପୁଣି ରୁମାଲ୍‌ରେ ତୁମର ଶାଢ଼ୀରେ ?
ତୁମେ ରୁହ ଛିଡ଼ା ହୁଅ ଆଲୁଅର କେନ୍ଦ୍ର ଖୋଜି ।
ତୁମେ ଆସି ଛିଡ଼ା ହୁଅ ହାତଟେକି ଠିକ୍ ମୋର ଛାତିର ସାମ୍ନାରେ ।

ବାହାରେ କାହାର ଶବ୍ଦ ? ନୁହେଁ ନୁହେଁ କେହି ନୁହେଁ
ବର୍ଷା ଓ ମେଘର ଡାକ ଶବ୍ଦ ପବନର ।
ତୁମେ ଆସି ଛିଡ଼ା ହୁଅ କେନ୍ଦ୍ର ଖୋଜି ଆଲୁଅର
ମୁଁ ତୁମର ଦେହ ଆଡ଼େ ଖୋଜିଯିବି, ଖୋଜିଯିବି ସତ୍ତା ମୋର, ସ୍ଥିତି ମୋର
ଭାରକେନ୍ଦ୍ର ମୋର ଏ ଦେହର ।

ପୁଣି କିଏ ? କାହିଁ କିଏ ?
ଭୁଲ୍ ଭୁଲ୍ ଭୁଲ୍ ଖାଲି ବାହାରେ ତୋଫାନ ବର୍ଷା ଶବ୍ଦ ପବନର
ମୁଁ କିନ୍ତୁ ପାରୁଚି ଶୁଣି ଏହି ବର୍ଷା ଝଡ଼ତଳେ ହାଡ଼ ଆଉ ମାଂସ ତଳେ
ଶବ୍ଦ ସମୟର ।
ଚୁପ୍ କିଆଁ ରହିଗଲ, କଥାକୁହ କଥାକୁହ, ଆଜି ଭାରି ନିଛାଟିଆ ଡରମାଡ଼େ-
ଜଲ୍‌ଦି କଥା କୁହ ।
ମୁଁ ଶୁଣେ କାନରେ ମୋର, ଠିକ୍ ମୋର ପଛଆଡ଼େ
ପାଦ ଶବ୍ଦ ସମୟର, ଚୁପ୍‌ଚୁପ୍ କଥା ସମୟର
ଏ ବର୍ଷା ସନ୍ଧ୍ୟାରେ ଆଜି କିଛି ଭଲ ଲାଗେ ନାହିଁ, ଖରାପ ଲାଗେ ଭାରି ଖରାପ
ପ୍ରେମ ଫ୍ରେମ ବାଜେ ସବୁ ତୁମର ଏ ସିଲ୍‌କ କାମିଜ ତୁମର ଏ ଲକ୍‌ସସାବୁନ ହସ
କୁହ କୁହ କଥା କୁହ ଭାରି ଖରାପ ଲାଗେ ଭାରି ଖରାପ ଛବି ଫବି ବାଜେ ସବୁ
ରେଡିଓରେ ଖାଲି ବାଜେ ଗୀତ
କୁହ କୁହ କଥା କୁହ ଚୁପ୍ କିଆଁ ରହିଗଲ, କିଛି ଭଲ ଲାଗେ ନାହିଁ
ମାର୍କସ୍, ଗାନ୍ଧୀ ଜଗନ୍ନାଥ ଦାସ ।
ମୁଁ ଆଜି ପଢ଼ିବି ଡେଇଁ ବର୍ଷା ପାଣି ପବନକୁ, ମୁଁ ଯିବି ମୁକୁଳା କରି ବାଳ ମୋର
ବୁଲି ଘରିଆଡ଼ ।
କୁହ କୁହ କଥା କୁହ ଚୁପ୍ କିଆଁ ରହିଗଲ ମୁଁ ଯିବି ମଟର ଚଢ଼ି ବାପଘର କିମ୍ବା
ଶାଶୁଘର ।
ମୁଁ କିନ୍ତୁ ପାରୁଚି ଦେଖି ତୁମର ଏ ପ୍ରେମ ତଳେ ଉତ୍ତେଜିତ ତୁମର ମୁହଁରେ
ନଖ ଚିହ୍ନ ସମୟର ଗୋଲ ଗୋଲ ଆଖିର କୋରଡ଼ ।
ମୁଁ ତାକୁ କହିଲି ସିଧା ମୁହେଁମୁହେଁ ଦେଖ୍ ଦେଖ୍ ତୁ ବୁଝି ପାରୁନୁ
ଜାଣୁଚୁ ଡେପୁଟି କାମ ଦିନ ଦିନ ମାସ ମାସ ରାସ୍ତା ରାସ୍ତା ପଦାରେ ପଦାରେ ।୧୪୦।

ସେଥିରେ ତା ଗୋଡ଼ ଯଦି ଖସିଗଲା କେତେବେଳେ ବର୍ଷାପାଣି ପରିବା ଚୋପାରେ
ତୁ ସିନା ରହିବୁ ଚୁପ୍, ମନେ ମନେ ସବୁ ରଖି, ତୁ ସିନା ରହିବୁ ଚୁପ୍
ଅନ୍ଧାରୁଆ ଗଳି ଆଢୁଆଳେ
ତୁ ଯଦି ସେଥିରେଯୋଉ ଯୁକ୍ତି କରି କଳି କରି, ସେ ଆସିଲା ମୋ ଘରକୁ ତା ଘରକୁ ।
ସେ ଗଲା ସଏଲ୍ ନେଇ କୋଉଁ ନର୍ସ ମାଷ୍ଟରାଣୀ ଆଡ଼େ -
ସେ ପୁଣି ତ ଜାଣିନାହିଁ ପୁଅ ତୋର ନୁହେଁ ତାର, ସେ ପୁଣି ତ ଆସ୍ଥା ରଖେ

ତୋର ସଫା ଧଳ ସତୀତ୍ୱରେ ।
ସେ ଚହିଁଲା ମୋ ଆଡ଼କୁ (ଏଃ : ଦାନ୍ତ ଯାକ ସବୁ ତାର ଆସିଲାଣି ତଳକୁ ଓହଳି,
କିଏ ତାକୁ କିସ୍ ଦେବ ରମୁର ବା ଦୋଷକ'ଣ ?) ସେ କହିଲା ହସି ହସି ଜାଣେ
ଜାଣେ ସବୁ ଜାଣେ
ନାଳକୂଳ, ନଈକୂଳ, ବି: ଏ: ଫେଲ୍ ହେଲା ପରେ ତୋର ନୂଆ ଶାଢ଼ୀ ଜୋତା
ସବୁର ମୁଁ ଇତିହାସ ଜାଣେ ।

ସେଦିନ ଆସିଲା ବର୍ଷା ଛିନ୍ନଭିନ୍ନ ବିଶୃଙ୍ଖଳ ଅସଞ୍ଜାତ ବଉଦର ସୁଅ
ସଡ଼କର ବର୍ଷାପାଣି ପଚସଢ଼ା ପରିବା ଚୋପାରେ
ସେଦିନ ଫଟାଇ ମେଘ ରାତି ପ୍ରାୟ ସାଢ଼େ ଦଶ୍ ବେଳେ
ଉପରୁ ଓହ୍ଲାଇ ଆସି ଚେକାମାରି ବସିଗଲା ଅଳ୍ପ ଅଳ୍ପ ହସି ହସି
ଫିକା ନେଳି ଜହ୍ନର ଆଲୁଅ
(ଚରିଆଡୁ ଲାଇଟ୍ ଯେତେ ଦୋକାନର ମୁନିସ୍‌ପାଲିଟିର)
ଘେରିଗଲେ ତାକୁ ଆସି ନାଲିରଂଗ ସବୁ ମୁଠା ମୁଠା ଫୋପାଡ଼ି ଫୋପାଡ଼ି ।
ସେଦିନ ରମୁର ଯେତେ ଫାଜିଲାମି ଦୁଷ୍ଟାମି ଭିତରେ
ପ୍ରଥମ ଥର ମୁଁ ହଠାତ୍ ଲକ୍ଷ୍ୟକଲି ତା ଆଖିର ଗୋଲ ଗୋଲ ନିଆଁ
ବିସ୍ମିତ ମୁଁ ଲକ୍ଷ୍ୟକଲି ବର୍ଣ୍ଣ ତାର ଈଷତ୍ ପିଙ୍ଗଳ
ତାପରେ ଲାଗିଲା ମତେ ମୋ ଦେହର ଚମଯାଏ ଧୀରେ ଧୀରେ
ତରଳି ତରଳି ।
ବ୍ଲାଉଜ୍‌ର ବୋତାମ ଦେଇ ଜାକିଜୁକି ଲୁଗା ମୋର ମୁହଁ ପୋତି
ତକିଆ ଭିତରେ
ଆଖିବୁଜି କରମାଡ଼ି ମୁଁ ପଡ଼ିଲି ଚୁପ୍‌ଚାପ୍ ଶୋଇ ।
ଖାକି ସାଟ୍ ପ୍ୟାଣ୍ଟ ଟୋପି ନିଶ ଦାଢ଼ି ପଣତର ଢେଉ
ତା ଭିତରେ ମିଶିଗଲା ଟାଇକୋଟ୍ ମଳିମୁଣ୍ଡ ଗାନ୍ଧିଟୋପି ପଗଡ଼ିର ଭିଡ଼
ସିଲକ୍ ଶାଢ଼ୀ ଜୋତା ଛତା ଚୁଟି ଆଉ ବଟୁଆ ଗହଳ
ଧକ୍କାଧକ୍କି ଠେଲାଠେଲି ଅବାସ୍ତବ ଅତି ଅବାସ୍ତବ
ଫିକା ଜହ୍ନ ଆଲୁଅରେ ସ୍ୱପ୍ନ ଦେଖେ ସ୍ୱପ୍ନ ଦେଖେ କଟକ ସହର ।
ମୁଁ ଶୁଣିଚି କେତେଥର ଛିଡ଼ାହୋଇ ବର୍ଷାପାଣି ପରିବା ଚୋପାରେ
ଛକ ଆଡୁ ରେଡିଓରେ ଏସ୍‌ରାଜ ଦିଲରୁବା ସ୍ୱର

ମୁଁ ଶୁଣିଛି ଛିଡ଼ାହୋଇ କେତେଥର ମଝି ସଡ଼କରେ
ମୁଆଜ୍ଜିନ୍ ଡାକ ଆଉ ରାମନାମ ଖାନନଗରର ।
ହେ ଅକ୍ରୁର ହେ ଉଦ୍ଧବ ସଖା ମୋର ପ୍ରାଣର ଦୋସର
ରୁହ ରୁହ ଛିଡ଼ା ରୁହ ପିଠିରେ ମୋ ତୁମପରି ବୋଝ
ମୁଁ ଯିବି ତୁମରି ପରି ତାରା ଖୋଜି ଜହ୍ନ ଖୋଜି, ଖୋଜିଖୋଜି
ଝରଣାର ସୁଅ
ମୁଁ ଯିବି ତୁମରି ପରି ଖୋଜି ମୋର ପିତାମାତା ନିର୍ମୂଳି ନଟାରେ
ଖୋଜି ଅରୁନ୍ଧତୀ ତାରାର ଆଲୁଅ ।

॥ ତିନି ॥

ରମୁର ମରିବା ଦିନ ମେଘ ହଠାତ୍ ଛାଡ଼ି ଯାଇଥିଲା
ଛକ କଟା ହେଲାପରି ରମୁ ପାଇଁ ଖୋଲା ହେଲା ଗାଡ଼
କାଠ ଆସି ନଦା ହେଲା ତାପରେ ଠିକ୍ ଘଣ୍ଟାକ ଭିତରେ
ରମୁର କ୍ୟାଲିକୋ ଧୋତି ଜଳିଗଲା, ପୋଡ଼ିଗଲା ଫ୍ରେଞ୍ଚ୍ କଟ୍ ନିଶ
ପଞ୍ଚପୁଷ୍ପ ଅମୃତରେ ଏକାଦଶ ଦିନ ଦିପହରେ । ।୧୮୦।
ଅସ୍ଥି ତାର ଅଣାଯାଇ ପୋତା ହେଲା ପ୍ରେତ ପୁରୁଷରେ
ଖଡ଼ିରତ୍ନ ସଂସ୍କୃତରେ ଦେଲେ ପୁଣି ତାକୁ ଜୀବନ୍ୟାସ ।
ସେଦିନ ରମୁର ପୁଅ ସ୍କୁଲ ପିଲା ଦଶ ବରଷର
ଶ୍ଳୋକ ପଢ଼ି ଲୁହ ପୋଛି ନିଛାଟିଆ ମଶାଣି ଉପରେ
ରମୁକୁ ଫେରାଇ ଦେଲା ଆକାଶକୁ ପବନକୁ ନିଛାଟିଆ ନଈ ପନ୍ତାରକୁ ।
ତୁମେ ସବୁ ଯେତେ ଅଛ ରମୁର ଦୋସ୍ତ ଓ ୟାର
ପ୍ରଫେସର, ଇଞ୍ଜିନିୟର, ଡେପୁଟି ବା ପୁଲିସ୍ ଠିକିରିଆ
ତୁମେ ସବୁ ଯେତେ ଅଛ ସାନ ବଡ଼ ସରୁ ମୋଟା ଟୋକା ଆଉ ବୁଢ଼ା
ତୁମେ ସବୁ ଜାଣିଥିବ ରମୁ ଥିଲା ତୁମପରି ଛାଁଟ୍ କାଟ୍ ସିଧା ଓ ସଳଖ
ରମୁ ଥିଲା ତୁମପରି ମୁଲାଏମ୍ ଚିକ୍‌କଣ ଓ ଗୋଲ୍ ଗାଲ୍ ଲମ୍ବା ଓ ଚଉଡ଼ା ।୧୯୦।

॥ ଘରି ॥

ଗୀତ ମୋର ଭାସିଗଲା ସୁଏ ସୁଏ କେନାଲ ପାଣିରେ
ସିଗାରେଟ୍ ଖୋଳ ମୋର ଭାସିଗଲା ଥରିଥରି
ସନ୍ଧ୍ୟା କ୍ରମେ ପାଣି ଫାଟି ମରିଗଲା ଅପନ୍ତରା ଆକାଶ ଭିତରେ
ମୁଁ ଶୁଣିଲି ପଛରେ ମୋ ଛିଡ଼ା ହେଲା କାର୍ ଆସି
ସାଧକ ଯୁବତୀମାନେ ଅତି ପ୍ରମୋଦରେ
କାର୍ ଚଢ଼ି ଚାଲିଗଲେ ଉଡ଼ିଗଲେ କାଉ ଓ ବାଦୁଡ଼ି
ନିଶବ୍ଦେ ପବନ ଗଲା ପତ୍ର ସବୁ ତୋଳିତୋଳି
ଇଟାଭାଟି ଧୂଆଁ ଠେଲି କାଠଯୋଡ଼ି ଆଡ଼େ ।
ନିଶବଦ ଏ ମୁହୂର୍ତ୍ତ ସ୍ତବ୍ଧ ଏବେ ଗତିହୀନ ଘନୀଭୂତ ନିଷ୍ପନ୍ଦ ନିଥର
ଯେତେବେଳେ କମିଯାଏ ରୋଗୀ ଘର ଭିତରେ ଆଲୁଅ ।

ଯେତେବେଳେ ମରିଯାଏ କଳରୋଳ ଫୁଟବଲ୍ ପଡ଼ିଆ ଉପରେ
ଯେତେବେଳେ ହାତମାରି ଥୁଣ୍ଟା ଗଛ ମୂଳେମୂଳେ ଶିଏ ଶିଏ କୋରଡ଼ ଭିତରେ
ଅଶାନ୍ତ ପ୍ରେତାତ୍ମା ଏହି ଅନ୍ଧାରର କାହାକୁ ବା ଖୋଜିଖୋଜି ଯାଏ
ସେତେବେଳେ ବୋଷ ବାବୁ ସହରର ବ୍ୟବସାୟୀ
କାର ଚଢ଼ି ଚାଲିଗଲେ ପଛଆଡ଼େ ରଖିଦେଇ ଆମର ଏ ଏକତାଲା ଘର
ସେତେବେଳେ ଝରକାରେ ମୁଁ ରହିଲି ଖାଲି ଚାହିଁ
ବେଣୀରେ ନଥିଲା ଫୁଲ ବ୍ରେଷ୍ଟଟାଇଟ୍ ନଥିଲା ଛାତିରେ
ବାପା ଥିଲେ କଚେରୀରେ ବୋଉ ଗଲା ଧାର ମାଗି
ତିନିଦିନ ପରେ ରଜ ଭାଇ ଥିଲେ ଡାକ୍ତରଖାନାରେ
ଅରଣ୍ୟର ଅଜଗର ମୁଁ ରହେ ଅଥର୍ବ ସ୍ଥିର ।

ମୁଁ ସହେ କଷଣ ଲକ୍ଷ ଦେହ ଆଉ ମନ ଓ ଆତ୍ମାର
ମୋ ଦେହରେ ଗନ୍ଧ ପୁଥି ପୁଷ୍ପବତୀ ଗଣିକାର
ଚନ୍ଦ୍ରଭାନୁ ହୁଙ୍କାର ଓ ଇକ୍ଷିକାର ଲାବଣ୍ୟବତୀର
ଗୋ ମାଂସର ଗନ୍ଧ ପୁଣି ମଦ ମସ୍ୟ ନାରୀ ଗନ୍ଧ
ମୋ ଦେହରେ ପୃଥିବୀର ଯାଯାବର ଆଲୋକ ଅନ୍ଧାର ।
ଜେଲ୍ ଖାନା ପାଚିରୀରେ ଆଉଜାଇ ପିଠି ମୋର ଚାପିରଖି ରୁମାଲ୍ ଆଖିରେ

ମୁଁ କାନ୍ଦିଲି ଯେତେବେଳେ ପିତୃମାତୃ ବନ୍ଧୁହାନି ଆୟୁ କ୍ଷୟ ବଂଶ କ୍ଷୟ
ଦେଶବାସୀ କ୍ଷୟ ପୁଣି ଧନଜନ ଲକ୍ଷ୍ମୀ କ୍ଷୟ ଧର୍ମ ପୁଣି ଗୋବ୍ରାହ୍ମଣ କ୍ଷୟ
ମୁଁ କାନ୍ଦିଲି ଯେତେବେଳେ ସମୟର ଶଙ୍ଖ ବାରି
ଜରା ମୃତ୍ୟୁ ବ୍ୟାଧି ପୁଣି ବ୍ୟାଧ ଆଉ ଘାତକର ଭୟ ।

ହେ ଅକ୍ରୁର ହେ ଉଦ୍ଧବ ସଖା ମୋର ପ୍ରାଣର ସୋଦର
ରୁହ ରୁହ ଛିଡ଼ା ରୁହ ପିଠିରେ ମୋ ତୁମ ପରି ବୋଝ
ଆଜି ଯେବେ ରାଜ୍ୟ ଯାଏ ରାଜା ଯାଏ ଛାରଖାର ପ୍ରଜା ଓ ପାଟକ
ମୁଁ ତୁମର ଅନୁଗାମୀ ଆଦି ଅନ୍ତ କାହିଁ ବା ବାଟର ?

ସେଦିନ ଆସିଲା ବର୍ଷା ଘନ ଘୋର ଅସଜ୍ଞାତ ବଉଦର ସୁଅ
ସେଦିନ ଆକାଶ ଛାଡ଼ି ଅନ୍ଧାର ଆସିଲା ଖସି
ଲାଇଟ୍ ସବୁ ନିଭିଗଲା ଛିଣ୍ଡିଗଲା ଟେଲିଫୋନ୍ ତାର
ସେଦିନ ତୁମେ ଓ ମୁଁ ବାଟଭୁଲି ଯାଇଥିଲୁ
ପରିଚୟ ଭୁଲିଥିଲୁ ଦେହ ଓ ମନର
ସେଦିନ ରାତିରେ ତୁମେ ଚୁପ୍‌ଚାପ୍ ଶୋଇଥିଲ ।

ସେଦିନ ତୁମର ଥିଲି ମୁଁ ମୋର ସନ୍ତାପ ନେଇ
ତୁମେ ଆଜି ମୋର ନା କାହାର ?
ତୁମେ ଦିନେ ଶୁଣିଥିଲ ଓଙ୍କାର ବା ମାହେନ୍ଦ୍ର ବେଳାରେ
ତୁମେ ଦିନେ ଦେଖିଥିଲ ଗୁପ୍ତ ଗଙ୍ଗା ପଥର ଓ ବରଫ ସ୍ତୁପରେ
ଅବା ଭୁଲ୍ ତୁମେ ମୁଁ ଶୁଣିଥିଲୁ ତାରାରେ ତାରାରେ
ରାତି ଓ ଦିନର ଶାନ୍ତ ଯାତାୟାତ ସ୍ପନ୍ଦନ ବା ଅକ୍ଷତ ଯୋନୀର ।
ହେ ଅକ୍ରୁର ସଖା ମୋର ରୁହ ରୁହ ସମ୍ମୁଖେ ତୁମର
ଅନ୍ଧାର ଆସିଚି ଖସି ଆକାଶରୁ ଆବୋରି ପୃଥିବୀ
ପଛରେ ତୁମର ସ୍ତବ୍ଧ ବାଲି ଆଉ ବାଲି ପରେ ବାଲି
ନିଶ୍ଚଳ ବାଲିରେ ନଷ୍ଟ ଆଷାଢ଼ର ପ୍ରାଣାନ୍ତ ପ୍ରୟାସ ।

ମୁଁ ତୁମକୁ ଖୋଜିଥିଲି କେତେ ରେଲ ପୋଲ ଡେଇଁ
କେତେ ଯୁଗ ଯୁଗାନ୍ତର ସିଂହଳ ଓ ମଳୟ ଦ୍ୱୀପରେ

କେତେ ଗଳି କୋଠା ଡେଇଁ ବିବର୍ଣ୍ଣ ପଥର ସ୍ତୂପ ବାରବାଟି ପାଚିରୀ ଭିତରେ
ଗଡ଼ଖାଇ ତଳେ କେତେ ସୁଡ଼ଙ୍ଗ ଓ ଅରମା ଭିତରେ
ତୁମକୁ ଖୋଜିଲି ପୁଣି ଚଉଦ୍ୱାର ବାଙ୍କି କଟକରେ ।
ଦେଶର ଜନତା ମୋର ମୋ ଦେଶର..
ସଡ଼କରେ ବର୍ଷାପାଣି ପଙ୍କ ସଢ଼ା ପରିବା ଚୋପାରେ
ମୁଁ ଆଜି ପାଏନା ଖୋଜି ପାଦ ଚିହ୍ନ ନିଶବଦ ପ୍ରାଚୀ ତୀରେ ତୀରେ
ମୁଁ ଆଜି ପାରେ ନା ଶୁଣି ପାଦଧ୍ୱନି ମଣିଷର
ନିଛାଟିଆ ବାଲିରେ ବାଲିରେ । । ୨୫୦।

ମୁଁ ଆଜି କେବଳ ଶୁଣେ ଛିଡ଼ା ହୋଇ ରାଣୀହାଟ ପଥର ପୋଲରେ
ଅସଂଖ୍ୟ ଛାୟାର ଏତେ ଯାତାୟାତ ଆଷାଢ଼ର ପ୍ରାଣାନ୍ତ ପ୍ରୟାସ
ମୋ ଦେଶର ନିରନ୍ନ ଜନତା...
ସହର ଉପରେ ଯାଏ ଭାସିଭାସି ଧୂସର ବଉଦ
ଛାତରୁ ଛାତକୁ ଡେଇଁ ବର୍ଷା ଯାଏ ପାରିହୋଇ ଗଳିଗଳି ମେନ୍ ରୋଡ୍ ସବୁ
ଉଦ୍ୟତ ଏ ଆଷାଢ଼ର ଧୂସର ସ୍ୱପ୍ନରେ
ପବନ କେବଳ ଯାଏ ନିଜକଥା କହି କହି
କ୍ଳାନ୍ତି ଆଉ କ୍ଳାନ୍ତି ପୁଣି ଏ ଗ୍ରହର ସ୍ତୂପ ସ୍ତୂପ ଭଗ୍ନ ବିଗ୍ରହର ।
ଆଜି ଯଦି ପଦ୍ମଫୁଟେ ପୁଷ୍ପବତୀ ହୁଏ ଯଦି ନାରୀ
ରମୁ ପାଇଁ ରୁହେ ଖୋଲା ମଦଖଟି ଦେଶୀ ଓ ବିଲାତୀ । ।୨୬୦।

ଆଜି ଯଦି ସନ୍ଧ୍ୟା ଫୁଟେ ନାଲି ଅବା ସଫେଦ ଗୋଲାପ
ରମୁ ଦିନେ ଛାଡ଼ିଥିଲା ସ୍କୁଲ କଲେଜ ଦେଇଥିଲା ଚାକିରୀ ଇସ୍ତଫା
ରମୁ ଦିନେ ମିଲ ଛାଡ଼ି ପିନ୍ଧିଥିଲା ଖଦଡ଼ ଓ ଦେଇଥିଲା ସଭାରେ ବକ୍ତୃତା
ରମୁ ଦିନେ ଖୋଜୁଥିଲା ମୁକ୍ତି ପୁଣି ଦେହ ଆଉ ମନର ବିସ୍ମୃତି
ରମୁ ଦିନେ ଠିକ୍ ଥିଲା ତୁମ ପରି ଛାଁଟ୍‌କାଟ୍ ସିଧା ଓ ସଳଖ ।
ଦେଶର ଜନତା ମୋର ମୋ ଦେଶର ନିରନ୍ନ ଜନତା...

॥ ପାଞ୍ଚ ॥

ମଶାଲ ଆଲୁଅ ସବୁ ନିଭିଗଲା ଗୋଟି ଗୋଟି
ନାରିକେଳ, ତାଳବଣ, ତିଦ୍ଧତର ବରଫ ଉପରେ
ପ୍ରାଚୀ ନଦୀ କୂଳେକୂଳେ ବାଲିଚର ମାଡ଼ିଗଲା ପରେ
ଆଳତି ଘଣ୍ଟାର ଧ୍ୱନି ଚୁପ୍ ହେଲା ଯେତେବେଳେ ।

ଉଜ୍ଜୟିନୀ ଓ ଦନ୍ତପୁରୀରେ
ତାଳପତ୍ର ପୋଥି ଆଉ ଶିଳାଲିପି ଭାରତର
ଘରିଆଡ଼େ ପଡ଼ା ହେଲା ପରେ
ତୁମେ ମୁଁ ଆମେ ସବୁ ଆଜି କରୁ କାହାର ଅପେକ୍ଷା
ନିଛାଟିଆ ଆମର ଏ ଟେବୁଲ୍ ବେଞ୍ଚ ଛୋଟଛୋଟ କୋଠରି ଭିତରେ ?
ଯେ ଯିବାର ଚାଲିଗଲା ପାଦଚିହ୍ନ ଖୋଜିଖୋଜି ତାର
ତୁମେ ମୁଁ ଆମେ ସବୁ ସମୟର ଏତେ ନଈ ଏତେ ପୋଲ ପାରିହୋଇ ଆସି
କାହାର ଅପେକ୍ଷା କରୁ ବାଲି ଆଉ ବିବର୍ଣ୍ଣ ଘାସରେ
କାହାର ଆହତ ଦେହ ରକ୍ତହୀନ ହୋଇ ଆସେ
କାହାର ବିବର୍ଣ୍ଣ ଦେହ କ୍ଷୟମାନ ବାଲି ଆଉ ବିବର୍ଣ୍ଣ ଘାସରେ ।
ନିଶବ୍ଦ ଏ ବାଲିଚର ବାଲି ଆଉ ବାଲି
ବିବର୍ଣ୍ଣ ଘାସ ଓ ବାଲି ପଥହୀନ ବିବର୍ଣ୍ଣ ପୃଥିବୀ
ଉପରେ ନିସ୍ତେଜ ଖରା ପଥହୀନ ବିବର୍ଣ୍ଣ ଆକାଶ
ବିବର୍ଣ୍ଣ ବାଲି ଓ ଘାସ ଶେଷହୀନ ଶୋଷ ଆଉ ଶୋଷ
ନିସ୍ତେଜ ଧୂସର ସ୍ତବ୍ଧ ବାଲି ପୁଣି ବାଲି ଓ ଆକାଶ
ଯଦିବା ଚେତନା କେବେ ଫେରିଆସେ ଅକସ୍ମାତ୍ ନିସ୍ତେଜ ଚେତନା
ଝିଙ୍କାରିର ଭୋକ ଅବା ପବନର କ୍ୱଚିତ୍ ଚେତନା
ଉଇହୁଙ୍କା ମୂଳେ ମୂଳେ ଥୁଣ୍ଟାଗଛ କୋରଡ଼ ଭିତରେ
ଯଦିବା ଚେତନା ଫେରେ, ଅସ୍ଥି ମାଂସ ଚମରେ ବା
ଗୁଡ଼କଙ୍କ ଘାସର ଚେତନା ।

ଯଦିବା ଚେତନା ଫେରେ
ବାଲି ଆଉ ବାଲି ପୁଣି ଘାସ
ଘାସର ବିଛଣା
ଛୋଟ ଛୋଟ ଢେଉ ଆଉ
ସାନ ସାନ ମାଛର ଝରଣା
ଝରଣା
ଘାସ ଓ ମେଘ
ମେଘ ଓ ମୟୂର
ଝିଙ୍କାରିର ଭୋକ ନୁହେଁ
ଶୋଷ ନୁହେଁ ହତାଶ ବାଲିର ।

ଚେତନା ଯଦିବା ଫେରେ କାନନ ଓ ଉପବନ ପରେ
ଅସଂଯତ ନୀଳବେଣୀ ତ୍ରସ୍ତନୀଳ ଆଖିପତା ତଳେ
ଆଷାଢ଼ ବର୍ଷର ମ୍ଳାନ ସ୍ୱପ୍ନ କେଉଁ ତାପସ କନ୍ୟାର
ଚେତନା ଯଦି ନା ଫେରେ କୁରୁବକ କଦମ୍ବରେ
ହୋମ ଅଗ୍ନି ପରେ
ସକାଳର ଆକାଶରେ ବୀଣା ଅବା ଧ୍ୱନିତ ଝଙ୍କାର
ଚେତନା ଯଦି ବା ଫେରେ
ଯଦି ଫେରେ ମୁମୂର୍ଷୁ ଦେହରେ
ଥୁଣ୍ଟା ଗଛ ମୂଳେମୂଳେ
କୋରଡ଼ ଭିତରେ ।

ଝିଙ୍କାରିର ଶୋଷ ନୁହେଁ...
ପାଣି ନୁହେଁ ମେଘ ନୁହେଁ ବାଲି ଆଉ ଖାଲି ବାଲିଚର ।
କିଏ ତୁମ ପାଖେ ପାଖେ କିଏ ତୁମ ଆଗରେ ପଛରେ
ଚଲ ଚଲ ତୁମେ ଯଦି ଠିଆ ହୁଅ ହଠାତ୍ ବାଲିରେ
ମୁଁ ଗଣେ ତୁମେ ଓ ମୁଁ ଏକ ଦୁଇ ଆମେ ଦୁହେଁ
କିଏ ତୁମ ପାଖେ ପାଖେ ନିଛାଟିଆ ଏ ବାଲି ଭିତରେ
ନାହିଁ ଗୋତ୍ର ପରିଚୟ ନାହିଁ ଲେଖା ଆକାର ପ୍ରକାର

ନାରୀ ବା ପୁରୁଷ ଅବା ନପୁଂସକ ଅବା ବନ୍ଧ୍ୟା ପୃଥିବୀର ଶୋଷ
କାହାର ଆହତ ଦେହ ହତ ହୁଏ ଏ ବାଲିରେ ।

କିଏ ତୁମ ପାଖେ ପାଖେ ପ୍ରେତାତ୍ମା ବା ମାଟିର ମଣିଷ
କାହାର ପାଦର ଶବ୍ଦ ନେପଥ୍ୟରେ ଦଳିତ ଓ ଆହତ ପୃଥିବୀ
ଭିକ୍ଷୁ ଓ ଶ୍ରମଣ ଅବା ମରହଟ୍ଟା ମୋଗଲ ପଠାଣ
କାହାର ରଥର ଚକ୍ର ସମବେତ ଅଶ୍ୱ ହସ୍ତୀ ଅବା ପଦାତିକ
ସନ୍ଧ୍ୟାର ଶୋଣିତ ମଞ୍ଚି ଆକାଶର ଦେହରେ ଦେହରେ
ହଠାତ୍ ବା ଫୁଟିଉଠେ ଚକ୍ରଘଟ ତ୍ରିଶୂଳ ନିଶାଣ
ଅକସ୍ମାତ୍ ସ୍ତବ୍ଧ ହୁଏ ଅଭିଭୁତ ଅବାକ୍ ପୃଥିବୀ ।

ମଶାଲ ଆଲୁଅ ଗଲା ନିଭି ନିଭି ଆକାଶ ଉପରେ
ବାଲିପରେ ବାଲିଡେଇଁ ଦେହପରେ କେତେ ଦେହ ଡେଇଁ
ମୁଁ ଆଜି ଅପେକ୍ଷା କରେ ସୂର୍ଯ୍ୟର ଉଦୟ ପୁଣି ବର୍ଷା ଆଉ ମେଘର ଉଦୟ

ମୁଁ ଆଜି ତଥାପି ଖୋଜେ ଆଦି ଜନ୍ମସ୍ଥାନ ମୋର
ମୋର ଯଦି ପିତାମାତା ଅରୁନ୍ଧତୀ ତାରାର ଆଲୁଅ ।

ଏକ ଦେହେ ଜନ୍ମନେଲି ପୁରୁଷ ମୁଁ ସେହି ଦେହେ ନାରୀର ଶୃଙ୍ଗାର
ମୋ ପାଖେ ଏକାଠି ହେଲା ସିଲ୍କ ଶାଢ଼ୀ ପେଣ୍ଟ କୋଟ୍ ଧ୍ୱଜଭଙ୍ଗ ପ୍ରସୂତି ଯନ୍ତ୍ରଣା ।
ମୁଁ କାନ୍ଦିଲି ଯେତେବେଳେ ଯାଜପୁର କଟକରେ, ରାଜାଙ୍କର ଇଳା ନାମେ
ଏକମାତ୍ର ପୁତ୍ର ଓ ଦୁହିତା...
ଆହେ ରାଜା ପରୀକ୍ଷିତ ତକ୍ଷକର ଦଂଶନେ ତୁମର
ଦେହାନ୍ତ ହେଲା ତ ରାଜା ପ୍ରାୟଶ୍ଚିତ ଗୋଟିଏ ପାପର
କିନ୍ତୁ ମୋର ସମ୍ମୁଖରେ ଏ ଚରିତ୍ର ଏକ ପାଦ ବିଶିଷ୍ଟ ବୃଷଭ
ପୁଣି ଏକ ଭଦ୍ରଲୋକ ଧଳାଧୋତି ପଞ୍ଜାବୀ ଓ

ଧଳା ଟୋପି ଧଳା କାର ବର୍ଣ୍ଣ ପୁଣି ଈଷତ୍ ପିଙ୍ଗଳ
ଯଷ୍ଟିର ଆଘାତ ଆଉ ବୃଷଭର ଆର୍ତ୍ତନାଦ...
ଏ କାକତୀର୍ଥରେ ରାଜା ଶେଷକ୍ରିୟା ସମାପ୍ତ ତୁମର ।

ହେ ଅଙ୍କୁର ସଖା ମୋର ପ୍ରିୟ ମୋର ପ୍ରାଣର ସୋଦର
ରୁହ ରୁହ ଛିଡ଼ା ରୁହ ତୁମେ ଖୋଜ କାହାର ଆଶ୍ରୟ
ସଂଘର ଆଶ୍ରୟ କାହିଁ, ଏ ବାଲିରେ ଭୋକ ଆଉ ଭୋକ
କିଏ ତୁମ ମାତା ପିତା ଏ କାହାର ଅସ୍ତ ବା ଉଦୟ ?

ରାମକୃଷ୍ଣ ମିଶନରୁ କେତେ ବାଟ ଏମାର ମଠକୁ ?

ମୁଁ କେତେ ଚାଲିଚି ବାଟ ଦିଗରୁ ଦିଗନ୍ତ କେତେ ନଷ୍ଟ କେତେ ରାଗର ସ୍ୱପ୍ନରେ
ମୋ କନ୍ୟାର ଦେଶଦ୍ରୋହ, କନ୍ୟାଦ୍ରୋହ ମୋ ପିତାର ଶତଶତ
ଭାତୃଦ୍ରୋହ ପରେ

ମୁଁ ଆଜି ତଥାପି ଚାଲେ ପିତୃହନ୍ତା ଆତ୍ମା ମୋର
ରୋମ୍ ଆଉ ବେବିଲୋନ୍ ମିଶରର ପ୍ରେତାତ୍ମା ସହିତ...
ଅନ୍ଧାର ଯଦି ବା ଆସେ ଘେରି ରେଖା ଆକାର ପ୍ରକାର
ମାଂସ ଲୋଭି ଭଦ୍ରଲୋକ ଧଳା ଧୋତି ପଞ୍ଜାବୀ ଓ ଧଳା ଟୋପି ଧଳାକାର...
ମୋ ଦେହରେ ଦାନ୍ତ, ନଖ, ଶତଶତ ଚଞ୍ଚୁର ଆଘାତ ।

ରାମକୃଷ୍ଣ ମିଶନରୁ କେତେ ବାଟ ଏମାର ମଠକୁ ?
ବର୍ଷା କେବେ ଆସିଥିଲା ତାମ୍ରଲିପ୍ତ ଚରିତ୍ର ଓ ସିଂହଳ ଦ୍ୱୀପରେ
ବର୍ଷା କେତେ ଫେରୁଥିଲା ବରୁଣାବନ୍ତରୁ ଦିନେ ନୂଆଦିଲ୍ଲୀ, କଲିକତା
କଟକର ସଂକୀର୍ଣ୍ଣ ବାଟରେ...
ଆଜି ତେଣୁ କ୍ଲାନ୍ତି ଯେତେ ଶୂନ୍ୟତା ଓ କାଠଯୋଡ଼ୀ ବାଲିର ବ୍ୟର୍ଥତା
କାଗଜର ବିବରଣୀ, ଶୋକ ସଭା ସଂକ୍ଷିପ୍ତ ଜୀବନୀ ।

ସ୍ମୃତି ସଂଖ୍ୟା ସମାଜ ବା ସ୍କୁଲ କଲେଜ ପାର୍କ ଲାଇବ୍ରେରୀ...
ତା ଆଗରୁ ତୁମେ ଓ ମୁଁ ଏହି ଦୃଷ୍ଟି ସୀମିତ ବିବର୍ଣ୍ଣ...
ଧୂସର ଆକାଶ ମନ୍ଥି ସନ୍ଧ୍ୟା ଆସେ ଅବା ଆସେ ସାତ୍ତ୍ୱିକ ଶ୍ରାବଣ
ଆମର ଅପେକ୍ଷା ରହେ ପାର୍ଟି ଆଉ ନିର୍ବାଚନ

ଦୂଷିତ ଆତ୍ମାର ଖେଦ ଜୀବନର ଦୂଷିତ ଦୁଃସ୍ୱପ୍ନ ।
ଜୀବନର ଯେତେ ଗୀତ ଭାସିଯାଏ ବାଲିକୁଦ ଉପରେ ଉପରେ
ଦୀପ ଓ ମଶାଲ କେତେ, କେତେ ଯୁଦ୍ଧ ଧର୍ମଘଟ, ପ୍ରୟାଗ ଓ ରାମେଶ୍ୱର ପରେ
କେତେ ଯୁଗ ଜନ୍ମ କେତେ ଫୁଟ୍ ଲାଇଟ୍, ପଦକ ଓ ଏନ୍‌କୋର ପରେ
ପ୍ରାଚୀର ବିବର୍ଣ୍ଣ ବାଲି କୁଢ଼ କୁଢ଼ ଜମିଯାଏ ଭଗ୍ନ କେତେ ମୁଖଶାଳା
ଭକ୍ତ କେତେ ବିଗ୍ରହର ସ୍ତୁପ...। ।୩୭୦।

ଏ ଗ୍ରହର ନଷ୍ଟ ଯାତ୍ରା ଆଜି ଯଦି ଅନ୍ଧାରରୁ...
ଏ ଗ୍ରହର ନଷ୍ଟ ଯାତ୍ରା ଆଜି ଯଦି ମରଣରୁ...
ଏ ଗ୍ରହର ନଷ୍ଟ ଯାତ୍ରା ଆଜି ଯଦି ଅସତରୁ...
ମୃତ୍ୟୁମାଂ
ଅସତୋ ମା
ତମସୋ ମା
ମୃତ୍ୟୁର୍ମାଂ...ମୃତ୍ୟୁର୍ମାଂ...ମୃତ୍ୟୁର୍ମାଂ
ଅମୃତଂ
ଗମୟ । ।୩୭୧।

ଅକ୍ରୁର ଉବାଚ

ସନ୍ଧ୍ୟା ଆସେ ଦୂରାଗତ କ୍ଲାନ୍ତ ବାଟୋଇର
ନିସ୍ତେଜ ଆଖିରେ ଆଣି ଅସରନ୍ତି ବାଟର ନିରାଶା ।
ସେଦିନ ଠିକ୍ କ୍ଲାନ୍ତ ତାର ଆଖିପତା ଘୋଡ଼ାଇ ସନ୍ଧ୍ୟାର
ଛାଇ ଆଉ ବିଷର୍ଣ୍ଣତା ଭାରି ହୋଇ ଆସୁଥିଲା -
ଧୂଳି ଆଉ ଖାଲ ଢିପ, ଦିନକର କ୍ଲାନ୍ତି ଆଉ ଖରା
ଠକ୍ ଠକ୍ ଘୋଡ଼ା ଟାପୁ, ଧୂଳି ଆଉ ଘୋଡ଼ାମୁହଁ ଲଗାମ୍‌ରେ ଫେଣ
ଆଉ ତାର ଥକା ଦେହ ଗଣ୍ଠି ଗଣ୍ଠି ହାଡ଼ ଓ ଚମରେ
ବାଟର ନିରାଶା ଆଉ ରକ୍ତମାଂସ ସ୍ନାୟୁର ବିରକ୍ତି ।

"ତୁମେ ମୋର ଏ ଦେହର ଚିରନ୍ତନ ଏ ଯାତ୍ରାର ଧୂସର କ୍ଲାନ୍ତିରୁ
ଆଜି କଣ ମୁକ୍ତିଦେବ ସମୟ ଓ ସମୟର ସଂଗ୍ରାମ ଓ ରକ୍ତପାତ ଠାରୁ ?
ତୁମେ ଯଦି ମୁକ୍ତି ଦିଅ ମତେ ଆଜି ମୋ ଦେହର ପୁନର୍ବାର ଦ୍ୱିରୁକ୍ତି ଭିତରୁ ।
ସାରଥିର ସାର୍ଥକତା ହୁଏତ ଆଜିର ଏହି ଯାତ୍ରାରେ ମୋ ତୁମର ସହିତ
ହୁଏତ ବା ସାର୍ଥକତା ତୁମର ହାତର ଶଙ୍ଖ ଚକ୍ର ଚିହ୍ନ ତଳେ
କିନ୍ତୁ ମୋର ବହୁ ଜନ୍ମ ଜନ୍ମାନ୍ତର କାମ କ୍ରୋଧ ଲୋଭ ମୋହ ଜରାମୃତ୍ୟୁ ପର
ତୁମର ଏ ଆଶୀର୍ବାଦ ଅନ୍ୟ ଏକ ପିପାସା ଓ ଦେହର ଅନ୍ୟ ଉପାଦାନ
ତେଣୁ ମୋର ଭଗବାନ ଏହି ଯାତ୍ରା ଶୁଭ ହେଉ ତୁମର ଓ ମୋର
ପୃଥିବୀର ଏହି ଦେହ ଘୋଡ଼ାଇ ରଖିଚି ଯଦି ତୁମର କାରୁଣ୍ୟ ଆଉ ନିଷ୍ଠୁରତା
କ୍ଷମା ଆଉ ତୁମର ସଂହାର
ଏ ଯୁଗର ଏ ଗ୍ଲାନିରେ ତୁମର ଯଦିବା ଏଠି ସଂଭାବନା
ତଥାପି ଏ ଯାତ୍ରାମୋର ଶୁଭ ହେଉ ପୂର୍ଣ୍ଣହେଉ ତୁମର କ୍ଷମାରେ
ଦେହର ସୀମାନ୍ତ ଡେଇଁ, ପାରିହୋଇ କାରୁଣ୍ୟ ଓ ତୁମର ସଂହାର" -

୮୮ | ଗୁରୁପ୍ରସାଦ ମହାନ୍ତି

ସେ ଦିନ ସନ୍ଧ୍ୟାରେ ଯେବେ ତା ଦେହର କ୍ଲାନ୍ତି ପାଇ ମୁଠାରେ ଲଗାମ୍
ତାର ଅସୁଥିଲା ହୁଗୁଳି ହୁଗୁଳି
ଠକ୍ ଠକ୍ ଘୋଡ଼ା ଟାପୁ ପଥର ଓ ଖାଲ ଡେଇଁ ସେଦିନ କ୍ଲାନ୍ତିରେ
ତାର ଯେତେବେଳେ ଅସହ୍ୟ ନିଷ୍ଠୁର
ତା ଆତ୍ମାର ଅବସନ୍ନ ନିଶବ୍ଦ ବିଳାପ ପରି ସେଦିନ ଆକାଶ ତଳେ ସ୍ଥିର
ଯେବେ ହୋଇଗଲା
ଅକସ୍ମାତ ନିଶବ୍ଦ ପବନ
ସେତେବେଳେ ରଥ ତାର ରାସ୍ତାର ହଠାତ୍ ମୋଡ଼ ବୁଲିଗଲା ପରେ
ସାମ୍ନାରେ ଯମୁନା ନଈ ସନ୍ଧ୍ୟାର ଆକାଶ ଧରି
ମାଲତିନଟାର ପାର୍କ, ଆଉ ଗୋପ ବଜାରର ଲୋକଭିଡ଼ ଦୋକାନ ଆଲୁଅ ।

"ମୋ ଯାତ୍ରାର କ୍ଲାନ୍ତି କଣ ଶେଷ ଆଜି ଏହିଠାରେ !
ଯୁଗରୁ ଅନେକ ଯୁଗ ମୋ ପାଦର ଦରଜ ଓ ମୋ ଘୋଡ଼ା ଟାପୁର ଧୂଳି
ମୋ ଗାଡ଼ିର ଭଙ୍ଗାଚକ, ମୋ ଆଖିର କ୍ଲାନ୍ତ ଦିଗ୍‌ବଳୟ
ମୋ ସତ୍ତାର ଭ୍ରାନ୍ତି କଣ ଶେଷ ଆଜି ଏହିଠାରେ
ମୋ ମାଂସର ଭୋକ ଶୋଷ ପାପ ପୁଣ୍ୟ
ମୋ ଆତ୍ମାର କାତରତା, ଭକ୍ତି ଆଉ ଅହଙ୍କାର, ଧର୍ମ ଆଉ ମୋକ୍ଷବାଦ
ଆଧ୍ୟାତ୍ମିକ ଚେଷ୍ଟାର ବିଜୟ ।

ମହାପ୍ରଭୁ ମୁକ୍ତି ଦିଅ - ଏହି ଯାତ୍ରା ଶୁଭ ହେଉ ତୁମର ଦୟାରୁ
ଏହି ଯାତ୍ରା ହେଉ ମୋର ଶେଷଯାତ୍ରା ଏ ଦେହରୁ
ତୁମର ସଂହାର ଡେଇଁ
ବହୁତ ବହୁତ କ୍ଲାନ୍ତି, ପୁନରୁକ୍ତି ଏ ଆତ୍ମାର
ଆଉ ତୁମ ଦୟା କ୍ଷମା କରୁଣାର ସମୁଦ୍ରକୂଳରୁ ।"

ସିଝୁଆ

॥ ଏକ ॥

ଧାନସିଢ଼ି ନଈ ସିନା ଏଠି ନାହିଁ, ଏଠି ଶୀର୍ଣ୍ଣ ସିଝୁଆ ନଈରେ
ରାତି ଭୋର ଅନ୍ଧାରରେ ତାରା ଭାସେ ବିବର୍ଣ୍ଣ ଶ୍ରୀହୀନ
ଏଠି ବାଲି ଅପନ୍ତରା ଡେଇଁ ଘାସ ଗୁଗୁଚିଆ ବଣ
ରାତିରେ ପବନ ଆସେ ଖୋଜି ଖୋଜି ଝରକାରେ ଆଖିପତା ଡିବିରି ଆଲୁଅ ।
ଏଠି ମୁଗ କୋଳଥର କିଆରୀରେ ଜହ୍ନ ଆସେ ନିଛାଟିଆ ଅତଡ଼ା ଉପରେ
ଏଠି ବି ଅନ୍ଧାର ଆସେ ଘାରିହୋଇ କୁହୁଡ଼ିରେ
ଏଠି ବି ବାଦୁଡ଼ି ଡେଣା କାକର ଝଡ଼ାଇ ଯାଏ ତୋଟାରେ ନିଶୂନ
ରାତି ଚୁପ୍‌ଚାପ୍ ହେଲେ
ଏଠି ବି ଏ ମାଟି କେତେ ଭଲପାଏ ମଣିଷକୁ ଅଗଣିତ କାମନାର କେତେ
ଆଶା ନିରାଶା ଭିତରେ ।
ମୋ ଦେହର କାମ୍ୟ କେତେ ପ୍ରେୟ ମୋର ଏ ମନର ମୋ ଆତ୍ମାର
କେତେ ଯେ ପିପାସା
ଏହି ଘାସ କାକର ଓ ଏହି ଧାନ ମହକରେ, ଡାହୁକର ଏ ଡାକରେ ହୁଏତ
ବା ରହିଚି ନିହିତ
ତେଣୁ ଯେବେ ସନ୍ଧ୍ୟା ବେଳେ ଆଲୁଅ ନରମ ହୁଏ ଛାଇ ଜମେ ଶୁଖିଲା ଛଣରେ
ମୋର କ୍ଲାନ୍ତ ସତ୍ତା ଘେରି ସମୟ ହଠାତ୍ ଆସେ ଅଜ୍ଞାତ ଏ ଅନ୍ଧାରର ପ୍ରଶ୍ନ
ଆଉ ବହୁତ ସନ୍ଦେହ ।

।। ଦୁଇ ।।

ଧାନସିଡ଼ି ନଈ ସିନା ଏଠି ନାହିଁ ଏଠି ଏହି ସିଦୁଆର ଧାର
ତାରା କେତେ ଭାସେ ଆଉ ମେଘ ଭାସେ ମୋ ଆଖିର ଦିଗ୍‌ବଳୟ ଘେରି
ମୋର କ୍ଷୁଦ୍ର ଚେତନାର ଦିଗନ୍ତ ସେପାଖେ ଏହି ପୃଥିବୀର ଋତୁ ଚକ୍ର ଧରି
ଧାନର ମହକ ଯେବେ ଫେରିବ ବା କୁହୁଡ଼ିରେ ଠିକ୍ ଆଜି ପରି -
ସେଦିନ ଯଦି ମୁଁ ଫେରେ ଛୁଇଁଛୁଇଁ ଆମ୍ବଗଛ ବଉଳର କଷି ଆଉ କଢ଼ !
ସେଦିନ ମୋ ଫେରିବାର ସାର୍ଥକତା କେଉଠିବା ? ନିଛାଟିଆ ଏ ନଈତୁଠରେ
ନିଛାଟିଆ ବାଲିଚର ବେଣାଘାସ ଦେହରେ ବା ନିରର୍ଥକ ମୋର ଏହି
ଆତ୍ମାର ଅତୀତ
ସେଦିନ ମୁଁ ଯଦି ଫେରେ - ସାର୍ଥକତା କେଉଁଠିବା
ଶାନ୍ତି କାହିଁ ମୋର ଏହି ଭଲ ପାଇବାରେ ?
ମୋର ଭଲ ପାଇବାରେ ଏ ବାଟର ବିଷର୍ଣ୍ଣତା ଆଉ ଏହି ପାଦଚିହ୍ନ ସବୁ
ଖାଲି ପାଦଚିହ୍ନ କେତେ ଜୋତା ଓ ଖଡ଼ମ୍ ଦାମ ସାଇକଲ ଚକ ଦାଗ କେତେ
ଛୋଟ, ଉଞ୍ଚ, ଗୋଲଗାଲ୍ ମୋଟ ସୋଟ ଯେତେ ସବୁ
ଏ ବାଟରେ ଗଲେ ଭାରି ନିଶମୋଡ଼ି କ୍ୟାନ୍‌ଭାସ୍ ଜୋତା ଦାଗ ରଖି
ଟାଟା ଆଉ କଲିକତା ଗଡ଼ଜାତ ଚାକିରୀ - ତାପରେ...
ସ୍ମୃତିର କାରୁଣ୍ୟ ଭରା ଏ ବାଟର ବ୍ୟର୍ଥତା ଓ ନିରର୍ଥକ ନିଃଶବ୍ଦ ବେଦନା !
ଆଜି ଯେବେ ଛାଇ ଜମେ ସେ ପାରିର ଅତଡ଼ାରେ-ଏପାରିର ଧାନଗଛ
କଇଁ ପାଖୁଡ଼ାରେ
ଆଲୁଅ ନରମ ହୁଏ ହଳଦୀପାଣିରେ ଗୋଳି ଚରାର କଣ୍ଟା ଓ ଘାସ ଶଙ୍ଖଚିଲ ଡେଣା
ଏହି ଛାଇ ଆଲୁଅରୁ ସମୟ ସେପାଖରୁ ସେମାନେ ଆସିବେ କଣ ଫେରି
ଏହି ଧାନ ମହକରେ
ପରିତ୍ୟକ୍ତ ଯେତେ ଆଶା କାମନାର ପଛେ ପଛେ
ଏହି ଭଲ ପାଇବା ଓ ଏ ଗାଆଁର ନିଃଶବ୍ଦ ଦେହକୁ ?
ନିଃଶବ୍ଦ ଏ ବେଦନାର ସ୍ତିମିତ ଏ ଆଚ୍ଛନ୍ନତା... ସମୟର ସ୍ଥଗିତ ମୁହୂର୍ତ୍ତ
ଅତୀତର ସ୍ମୃତି ସବୁ ସେମାନେ ଏ ଦିନାନ୍ତର ସୀମାର ସେପାଖେ

ଆଜି କଣ ଛିଡ଼ାହୋଇ ଏ ପାଖର ଏହି ବାଲି, ସିଡ୍ଲୁଆର ଶୀର୍ଣ୍ଣ ଏହି
ଦେହର ସୀମାରେ
ସେମାନେ ଶୁଣନ୍ତି କଣ ଜୀବନର ପ୍ରତିଧ୍ୱନି ?
ଏଠି ଯେତେ ହାରଜିତ୍ କଚିରୀ ଓ ଟାଉଟରି, ହସ ଲୁହ ଈର୍ଷା ଭୟ
ଏହି ଭଲ ପାଇବାର କ୍ରମିକ ଏ କ୍ଷୟ ଆଉ ମୃତ୍ୟୁର ଏ ନିଶବ୍ଦ ସଂଚାର ?

ଗଡ଼ଜାତ କଲିକତା ଟାଟା ଆଉ ସରକାରୀ ଚାକିରୀ...ତାପରେ...
ଜୀବନର କ୍ଳାନ୍ତ ବାଟ ମାଇଲ୍ ମାଇଲ୍ କେତେ ଚଢ଼ାଣି ଉଠାଣି –
କୋଶ କୋଶ କେତେ ସ୍ନେହ କେତେ ରୋଷ ଅହଙ୍କାର କେତେ ଭୟ ଆଶା ଓ
ବ୍ୟର୍ଥତା
ପାରିହୋଇ ସନ୍ଧ୍ୟାବେଳେ ସେମାନେ ଫେରିଲା ଦିନ
ମଶାଣିର ଏହି ନାଲି ପଳାଶ ଫୁଲରେ
ସେମାନେ ହଠାତ୍ କଣ ଦେଖି ନାଲି ପ୍ରଜାପତି ଅକସ୍ମାତ ଛିଡ଼ାହୋଇ
କେତୋଟି ମୁହୂର୍ତ୍ତ
ଭାବିଥିଲେ ଫେରିବାକୁ ଏହି ଧାନ ମହକରେ ହଳଦି ବସନ୍ତ ଆଉ ସିଡ୍ଲୁଆର
କୁହୁଡ଼ି ସହିତ ?
ଏହି ଭଲ ପାଇବାର ନିଃସଙ୍ଗ ବେଦନା ନଏଁ ପଉଷର ଧୂସର ଦେହରେ
ଆଜି ଆମ୍ବ ବଉଳରେ ପବନ ଯଦିବା ଛୁଏଁ ଦୂର ନଈ ଅତଡ଼ା ଉପରେ
ଝିଣ୍ଟିକା ଯଦିବା ଡାକେ ଆଉ କେଉଁ ଅଚିହ୍ନା ପକ୍ଷୀର
ନିଃସଙ୍ଗ ଡାକରେ ମିଶେ ପାଟି ଶୋକ ନ୍ୟାୟ ନିଶାପର
ଆଜି ଯେତେ ପଉଷର ନିସ୍ତବ୍ଧ ଦେହରେ ଯାଏ କ୍ଷୟ ହୋଇ ଏ ଗାଆଁର ଦେହ
ମୁଁ ଫେରି ପଛକୁ ଚହେଁ
କେତେ ଖରା କାକର ଭିତରେ
କ୍ଷୟ ହୋଇ ଯାଇଥିବା କେତେ ଭଲ ପାଇବାର ହିସାବ ନିକାଶ କେତେ
ସତ୍ତା କେତେ ନିଶବ୍ଦ ସମୟ ।

॥ ତିନି ॥

ଧାନସିଡ଼ି ନଈ ସିନା ଏଠି ନାହିଁ...ଏଠି ଜୀର୍ଣ୍ଣ ସିଢୁଆର ସୁଅ
ଏଠି ଭୋର ପବନରେ ଝଡ଼ିଯାଏ ଜୀର୍ଣ୍ଣ ପତ୍ର କେତେ
ଧାନସିଢ଼ି ନଈପାଖେ କେଉଁ ଛାଇ ଗଛ ଆଢୁଆଳେ
ବିଦେଶୀ କବିର ଆତ୍ମା ଆଜି ପୁଣି ଫେରୁଥିବ ହୁଏତ ଏ ଧାନ ମହକରେ
ପରିତ୍ୟକ୍ତ କାମନାର ଦେହ ଖୋଜି...ଏହି ଭଲ ପାଇବାର ଦେହ ।
ଏହି ଭଲ ପାଇବାର ଦେହ ଧରି ଏ ପୃଥିବୀ ହୁଏତ ବା ଏଡ଼େ ରୂପବତୀ
ହଳଦୀ ଓ ଅଳତାର ଦାଗ ଗୋଳି ଆକାଶରେ ଫାଲ୍‌ଗୁନର ଦିନ ଯେବେ ଫେରେ
ପଉଷର କୁହୁଡ଼ିରେ ଘୋଡ଼ିହୋଇ ଆମ୍ବତୋଟା ଚୁପ୍ ଚାପ୍ ନିଛାଟିଆ ଜାମୁକୋଳି ବଣ
ଦିପହର ଖରା ପୁଣି ଜାଳିଦିଏ ଏ ଜ୍ୟେଷ୍ଠମାସ ବିଲ, ବାଟ, ନିଛାଟିଆ ଚରା
ସେତେବେଳେ ମଣିଷର ରକ୍ତରେ ଜୀବନ୍ତ ହୁଏ ହଠାତ୍ ଅତୀତ ତାର
ପୁଞ୍ଜିଭୂତ କାମନାର ଯୁଗଯୁଗ ସ୍ମୃତି କେତେ ଏ ଗାଆଁର ପୁରୁଷ ପୁରୁଷ
ମୁଁ ତେଣୁ ପଛକୁ ଯେବେ ଫେରି ଚାହେଁ ମୋ ସତ୍ତାର ବ୍ୟଥା ଓ କ୍ଳାନ୍ତିରେ
ମୋର ସବୁ କାମନାର ନୀରବର ପ୍ରେତାତ୍ମା ଯେବେ ପାଲଟେ ଏ ଧୂସର ପଉଷ
ହୁଏତ ଏ ପୃଥିବୀକୁ ଭଲପାଏ ଦେହ ମୋର ସ୍ମୃତିର ଏ ବେଦନା ଭିତରେ
ତଥାପି ମୋ ଚାରିପାଖେ ସମୟର ହାହାକାର ମୃତ୍ୟୁର ଏ ଚରମ ଶୂନ୍ୟତା
ଶୂନ୍ୟ ଏହି ବେଦନାର ବିଷଣ୍ଣ ଏ ଗୋଧୂଳିରେ, ଏ ପୃଥିବୀ ଏ ମ୍ଳାନ ଆକାଶ
ଆଉ ମୋର ସାମ୍ନାରେ ଏହି ବାଟ ଦିପାଖର ଏହି ଧଳା କ୍ଷୀରକୋଳି ଫୁଲ
ସ୍ମୃତିର ବେଦନା ଅବା ଅତୀତର ଆତ୍ମାରେ ବା ରାତି ଆଉ ଆସନ୍ନ ମୃତ୍ୟୁରେ
ପାଏ ପୁଣି ଅର୍ଥନ୍ୟାସ ଆକାଶ ଓ ପୃଥିବୀ
ଏହି ମୋର ଦେହ ତଳେ ଏହି ଝଡ଼ା ପତ୍ର ଆଉ
ଏହି ବାଟ ଦିପାଖର କଣ୍ଟା ଆଉ କ୍ଷୀରକୋଳି ଫୁଲ ॥

କେଉଁ ଘାସ ? କେଉଁ ବାଲିଚର ?

କେଉଁ ନଈ କେଉଁ ବଣ ? କେଉଁ ଦୂର ଦିଗନ୍ତର ଦେହ ?
କେଉଁ ନଈ ମୁହାଣର ଉଜାଣି ଜୁଆର ସୁଅ । କେଉଁ ଘାସ କେଉଁ ବାଲିଚର ?
କେଉଁ ରାତି ପହରର ଉଜାଣି ନିଦର ଢେଉ ? କେଉଁ ତାରା ରାତିର କାକର ?
ଫେରିଆସେ ଫେରିଆସେ ମୋ ମୃତ୍ୟୁର ଭୟ ଡେଇଁ
କେଉଁ ଦୂର ଦିଗନ୍ତର ଖରା ଆଉ କଇଁ ଫୁଲ ?
ଧଳା ଉଲ୍ ଦେହ ଆଉ ପଳାଶ କଢ଼ର କ୍ଷତ
କେଉଁ ଫିକା ଓଠ ତଳେ, ସମୁଦ୍ରର ଢେଉ ଆଉ
ଚମ୍ପାଫୁଲ ମହକରେ ବସନ୍ତର ବ୍ୟଥିତ ଆକାଶ ।

ଏହି ଭଲପାଇବାରେ ମୃତ୍ୟୁ ଯଦି ପୁଣି ଆସେ
ତେବେ ଏହି ପୃଥିବୀର ବିଷଣ୍ଣ ଏ ସୀମାନ୍ତରେ ମୋ ଆଖିର ତାରା
କକ୍ଷଚ୍ୟୁତ ହେଲାବେଳେ ହୁଏତ ବା ଶେଷ ତାର କାକର ଟୋପାରେ
ଭିଜାଇ ନିଶବ୍ଦେ ଦେବ ଉଜାଣି ନିଦର ଢେଉ
ଧଳା ଉଲ୍ ଛାତି ଆଉ...
କେଉଁ ନଈ ? କେଉଁ ଫୁଲ ?
କେଉଁ ନଈ ମୁହାଣରେ ଉଜାଣି ଲୁହର ଢେଉ ?
କେଉଁ ନଷ୍ଟ ଦିଗନ୍ତର ବସନ୍ତ ଓ ବ୍ୟଥିତ ଆକାଶ ?

ସନେଟ୍

|| ଏକ ||

ଅସଂଖ୍ୟ ଦେହର ସ୍ୱପ୍ନ ଭାସିବୁଲେ ଏ ରାତିର ସପନ ଭିତରେ
ତାରାରେ ତାରାରେ କ୍ଲାନ୍ତି ସୁପ୍ତି ଆଉ ଅନ୍ୟମନସ୍କତା
ଆଜି ତେଣୁ ଏ ବାଲିର ଅନୁର୍ବର ବିଜନ ଦେହରେ
ପବନ ଥରାଇଯାଏ ନଷ୍ଟ କେତେ ଦେହର କବିତା ।

ଆଖିର ପାଖୁଡ଼ାତଳେ ହିମହେଲା ତିକ୍ତ କେତେ ରାତିର ଶିଶିର
ଫୁଟି କେତେ ଝଡ଼ିଗଲା କ୍ଲାନ୍ତ କେତେ ଓଠ ଉପକୂଳେ
କେତେ ରକ୍ତ ତଳେତଳେ ଜଳିପୋଡ଼ି ନିଭିଗଲା ବସନ୍ତର ତାତି
କେତେ ଜହ୍ନ ମ୍ଳାନ୍ ହେଲା କେତେ ଛିନ୍ନ ଅଳକ ଭିତରେ ।

ବିବର୍ଣ୍ଣ ଦେହର କେତେ ସ୍ୱପ୍ନ ମରେ ସମୟର ହାତ
ଆଜିଯାଏ କାଟିକାଟି କେତେ ଦେହ ଓଠର ଫସଲ
କେତେ ମାଂସ ଚମ ଗଳା ଚୂର ହୋଇ ମାଟିରେ ମାଟିରେ
ଏ ବାଲିରେ ମରିଗଲା କେତେ ରୂପ ଦେହର ଜଙ୍ଗଲ ।

ମୁଁ ଯଦି ତୁମକୁ ପାଏ ପାରିହୋଇ ମନ ଆଉ ଦେହ
ପାରିହୋଇ ଥାନ୍ତି ଯେତେ ସମୟର ସୀମା ଓ ସନ୍ଦେହ ॥

॥ ଦୁଇ ॥

ତୁମେ ଯଦି ବୁଝୁଥିବ ମୋ ମନର ଏ ସନ୍ଦେହ ଅନ୍ୟମନସ୍କତା
ଅଂଧାର ରାତିର ଯେତେ ବିସ୍ମୟ ଓ ଯେତେ ଅବିଶ୍ୱାସ...
ଆଷାଢ଼ର ମେଘ ଯଦି ଆସୁଥିବ ନଇଁ ଗାଢ଼ ହୋଇ
ଦେହର ପୃଥିବୀ ଘେରି ଘାରି ତୁମ ମନର ଆକାଶ...

ତୁମେ ଯଦି ବୁଜୁଥିବ ଏ ବାଟର କ୍ଳାନ୍ତ ଇତିକଥା..
ଯେତେ ଦିନ ହଜିଗଲା ଅସରନ୍ତି ଦୁଇ କରେ କରେ...
ଆଷାଢ଼ର ମେଘ ଯେବେ ଗାଢ଼ହୋଇ ଆଜି ନଇଁ ଆସେ
ତୁମରି ବିଛଣାପରେ ଅବା ଶୀର୍ଣ୍ଣ ତୁମର ଦେହରେ... ।

ଆକସ୍ମିକ ଦେହ ମୋର ପୃଥିବୀର ଘଟଣା ଜନିତ
ଆକସ୍ମିକ ଘଟଣାରୁ ଉପଜାତ ତୁମର ଏ ଦେହ
ଅସରନ୍ତି ଏ ବାଟରେ ତୁମେ ଓ ମୁଁ ସମୟର ହାତ
ମୋର ଭଲ ପାଇବାର ମୁକ୍ତି ଆଉ ତୁମର ସନ୍ଦେହ...।

ମୁଁ ତୁମକୁ ଭଲପାଏ ଜନ୍ମମୃତ୍ୟୁ ସମୟର କ୍ଷୟ କ୍ଷୟ ଯଦି
ତୁମକୁ ଘେରାଇ ଦିଏ ଡେଇଁ ମୋର ଏ ଦେହର ସୀମିତ ପରିଧି ॥

॥ ତିନି ॥

ସମୟର ଢେଉ ଯେବେ ତୁମର ଏ ବେଣୀର ଢେଉରେ
ଦିନେ ଆସି ବୋଲି ଦେବ ଫେଣ ଆଉ କୁହୁଡ଼ି କାକର
ପୋଛିଦେବ କପାଳରୁ ଜହ୍ନ ଆଉ ତାରାର ଆଲୁଅ
ଚିରଦିନ ମରିଯିବ ଫୁଲଗଛ ତୁମର ଦେହର ।

ସେଦିନ ଏ ପୃଥିବୀର ସୀମାନ୍ତରେ ଛିଡ଼ାହୋଇ ତୁମେ
ଦେଖିବ ଏ ଆକାଶରେ ଆଜିପରି ଚ଼ଲିଯାଏ ମେଘ
ପତ୍ର ଯେତେ ଝଡ଼ିଯାଏ ଗୋଟିଗୋଟି ଦିନ ଯେତେ ଯାଏ
ଆଜି ପରି ସେ ସବୁର କିଛିହେଲେ ରହେ ନାହିଁ ଦାଗ ।

ସେଦିନ ମୁଁ ଥିବି ଯଦି ମୋର ଆଶା ଓ ନିରାଶା
ଗଢ଼ିବାର ମୋହ ଥିବ ଭାଙ୍ଗିବାର ଥିବ ଅପଯଶ
ଦେହ ମୋର ଥିବ ଯଦି ସମୟର ନଈବଢ଼ି ପରେ
ମନର ଚେତନା ଥିବ ଥିବ ଏକ ସୀମିତ ଆକାଶ ।

ସେଦିନ ଏ ପୃଥିବୀର ଏ ସଂକୀର୍ଣ୍ଣ ପରିସର ବ୍ୟାପି
ମୁଁ ତୁମକୁ ଖୋଜିଯିବି ଆଜିପରି ତଥାପି ତଥାପି ॥

॥ ଘରି ॥

ଯଦି ମୋର ଏ ମନର ରକ୍ତମାଂସର ଚମର ପୋଷାକ
ଆଜି ଭଲ ଲାଗେ ନାହିଁ, ଏ ନିସ୍ତେଜ ପୃଥିବୀର ଦେହ
ଆଜି ଯେବେ ଘୋଡ଼ିହୋଇ ଶୋଇପଡ଼େ ଫିକାଜହ୍ନ ତାରାର ଆଲୁଅ
ଆଜି ଯଦି ଏକାକାର ସମୟର ଦେହ ଓ ଅଦେହ...।

ତୁମର ନିର୍ମୋକ ତେବେ ଖସିପଡୁ ବେଣୀ ଆଉ ଆଖିର ଭ୍ରୂଲତା
କଙ୍କାଳ ତୁମର ଆସୁ ଧଳାହୋଇ ସମୟ ଓ ଜହ୍ନ ଆଲୁଅରେ
ମୋ ଦେହର ସ୍ୱାସ୍ଥ୍ୟ ଆଉ ରକ୍ତମାଂସ ଚମର ପୋଷାକ
ଖସିପଡୁ ଉପେକ୍ଷିତ ବିସର୍ଜିତ ତୁମର ଦେହରେ ।

ପୃଥିବୀର ଏ ଦେହରେ ଖୋଜିଖୋଜି ମୁଁ ତୁମର ମନର ସନ୍ଧାନ
ଆଜି ହୁଏ ଉପଗତ ଉପକୂଳେ ତୁମର ଦେହରେ
ମୁଁ ତେଣୁ ତୁମକୁ ଖୋଜେ ରକ୍ତେ ମୋର ଦେହର ସୀମାରେ
ତୁମର ଆତ୍ମା ବା କାହିଁ ଦେହ କାହିଁ ତୁମର ମନର ?

ମୁଁ ତୁମକୁ ଭଲପାଏ ପୁଂଜିଭୂତ ଏ ଦେହରେ ଆତ୍ମାମୋର ମନର ପିପାସା
ମୁଁ ତେଣୁ ତୁମର ଦେହ ଖୋଜେ ମୋର ଏ ଦେହରେ ସବୁ ମୋର ଆଶା ॥

|| ପାଞ୍ଚ ||

ଆଷାଢ଼ର ଆକାଶରେ ମେଘନାହିଁ, ଘାସନାହିଁ ମାଟିର ଦେହରେ
ହସର କେଶର ଘେରିନାହିଁ ଓଠ ଚମର ପାଖୁଡ଼ା
ଶାମୁକା ଭିତରେ ନାହିଁ ସ୍ୱପ୍ନ ଦୂର ନୀଳ ସାଗରର
ସମୟ ସୁଅରେ ନାହିଁ ଜୀବନର ଭଙ୍ଗା ଆଉ ଗଢ଼ା ।

ତୁମର ଦେହର ଏଇ ନିଛାଟିଆ ନଇବାଲି ପରେ
ପବନ ତ ଆସେନାହିଁ ଆଷାଢ଼ର ମେଘ ଅବା କାହିଁ ?
ମୋ ଦେହର କିଆରୀରେ ପୋଛିଦେଇ ଖରା ଆଉ ତାତି
ତୁମର ବଢ଼ିର ପାଣି ଆଜିଯାଏ ମାଡ଼ି ଆସିନାହିଁ ।

ଆଷାଢ଼ର ଆକାଶରେ ମେଘ ଆସେ ବର୍ଷା ଯଦି ଆସେ
ପୃଥିବୀ ଦେହରେ ପୁଣି ଫେରି ଯଦି ଆସେ ଉର୍ବରତା
ମଣିଷର କିଆରୀରେ ଯଦି ପାଚେ ହସର ଫସଲ
ପୁଣି ଯଦି ଭଲଲାଗେ କ୍ଷୟ କ୍ଷତି ବ୍ୟଥା...।

ପ୍ରାଚୀନ ଏ ପୃଥିବୀରେ ଜୀବନ୍ୟାସ ପାଏ ଯଦି ମଣିଷର ଦେହ
ତୁମେ ଯଦି ଭଲପାଅ ତୁମେ ଯଦି ଆଜି ଭଲପାଅ ॥

॥ ଛଅ ॥

ପୃଥିବୀର ଦୟାକ୍ଷମା ସ୍ୱପ୍ନ ପୁଣି ଆଶା ଓ ବିସ୍ମୟ
ତା ଭିତରେ ତୁମେ ଥିଲ; ଫାଲଗୁନରେ ଥିଲା କୃଷ୍ଣଚୂଡ଼ା
ଶାନ୍ତି ଥିଲା ସୁଖ ଥିଲା ଦେହ ଆଉ ମନର ଶ୍ରାବଣ
ପୃଥିବୀର ଦେହ ଘେରିଥିଲା ଦିନରାତିର ପାଖୁଡ଼ା ।

ଅସ୍ତଗାମୀ ତାରା ଆଉ ଅସ୍ତମିତ ବଉଦର ବାଟ
ମିଳାଇ ଯାଇଛି ମେଘ ଦୈନ ଆଉ ଶୂନ୍ୟତାର ଦେଶ
ଦିନର ଉତ୍ତାପ ପୁଣି ଉତ୍ତାପର ଶୀତ ଓ ଶୂନ୍ୟତା
ବିବର୍ଣ୍ଣ ପ୍ରକୃତି ପାଖେ ଜରାଜୀର୍ଣ୍ଣ ବିବର୍ଣ୍ଣ ପୁରୁଷ ।

ତୁମକୁ ମୁଁ ଖୋଜିଥିଲି ଦୟା କ୍ଷମା ଆଶା ଓ ସ୍ୱପ୍ନରେ
ସ୍ୱପ୍ନ କାହିଁ ? କ୍ଷମା କାହିଁ ? ସମୟର ବିବର୍ଣ୍ଣ ବିସ୍ମୃତି...
ରୂପକାହିଁ ରେଖାକାହିଁ ଚରିତ୍ର ବା ଏ ମୋର ମନର ?
ତୁମର ଦେହରେ କାହିଁ ଯୁଗଯୁଗ ମଣିଷର ସ୍ମୃତି ?

ମୋର ଆଜି ମୃତ୍ୟୁ ହେଉ – ଜରାଜୀର୍ଣ୍ଣ ପୃଥିବୀର ଦେହ
ତୁମକୁ ମିଶାଇ ଦେବ ତୁମେ ଭଲପାଅ ବା ନପାଅ ॥

।। ସାତ ।।

ହଳଦିଆ ପୃଷ୍ଠାଯେତେ ସମୟର ଚିଠି ଆଉ ଖାତାର କାଗଜ
ମୁଁ ପଢ଼େ ଥରକୁ ଥର କେତେ ଲେଖା ଛପା କେତେ ଛୋଟଛୋଟ ଅସ୍ପଷ୍ଟ ଅକ୍ଷର
ଯମକ ଓ ଅନୁପ୍ରାସ ଅଳଙ୍କାର ହାହୁତାଶ କେତେ
ବର୍ଣ୍ଣନା ଚତୁରୀ ପୁଣି କେତେ ପ୍ରେମିକର ।

ସମୟର ଲେଖାସବୁ ପ୍ରତିଦିନ ପଢ଼ିହେବ ଯଦି
ମୋ ମନର ବ୍ୟାକରଣ ଅନୁପ୍ରାସ ତୁମର ଦେହର
ଯମକ ଓ ଯତିପାତ ଧ୍ୱନି ଆଉ ହା ହୁତାଶ ଯେତେ
ଲେଖିରଖେ ସବୁ ଯଦି ହଳଦିଆ ପୃଷ୍ଠା ସମୟର...।

ସମୟର ପୃଷ୍ଠାଯେତେ ଗୋଟିଗୋଟି ପଛକୁ ପଛକୁ
ମୁଁ ଚଳିଛି ଓଲଟାଇ ଖୋଜିଖୋଜି ତୁମର ଉପମା
କେଉଁ କବି ପ୍ରେମିକର ହା ହୁତାଶ ଆହତ ସ୍ୱପ୍ନରେ
ଆଣିଥିଲା ଅବସାଦ ସମୟର କ୍ଷୋଭ ଆଉ କ୍ଷମା ।

ଆକାଶର ଶୂନ୍ୟତାରେ ପୃଥିବୀର ଦୂରନ୍ତ ଏ ଗତି
ତୁମର ବା ଶେଷ କେବେ ଶେଷ ମୋର ସମୟ ଓ ସ୍ଥିତି ?

॥ ଆଠ ॥

ଏ ରାତିର ଅରୁନ୍ଧତୀ ସପ୍ତରଷୀ ସ୍ୱାତି ଶତଭିଷା
ଏ ଆଖିରେ ସୀମାହୀନ ଯୁକ୍ତିହୀନ ନିରୁକ୍ତ ନିଳିମା
ଏ ମନରେ ସ୍ମୃତିହୀନ ସୁପ୍ତିହୀନ ଚେତନା ଓ କାମନାର ସୀମା -
ଆକସ୍ମିକ ଶାନ୍ତି ଯଦି ପାଏ ଆଶା ସକଳ ପିପାସା...।

ଜୀର୍ଣ୍ଣ ପତ୍ର ଝଡ଼ିଯାଏ ନେପଥ୍ୟରେ ଅସ୍ପଷ୍ଟ ଅସ୍ଫୁଟ
ଏ ବର୍ଷର ଶେଷଯାତ୍ରା ମର୍ମରିତ ନିଶ୍ୱାସର ଢେଉ
ଅରୁନ୍ଧତୀ, ସପ୍ତରଷୀ, ଚିରନ୍ତନ କ୍ଷୟମାନ ଆୟୁ -
କେନ୍ଦ୍ର ଯଦି ସ୍ଥିର ରହେ ସ୍ଥିର ରହେ ବାଟ ଓ ଅବାଟ ।

ଏ ରାତିର ଛାତିତଳେ ଗଣିଚି ମୁଁ ସ୍ୱାତି ଶତଭିଷା
ଆଉ ଯେତେ ଭୋକଶୋଷ, ଯେତେ ମୋହ ଯେତେ କୋହ ଯେତେକ ଦ୍ୱିରୁକ୍ତି
ଯେତେ ଲୋଭ ଯେତେ କ୍ଷୋଭ ଯେତେ ପାପ ବସ୍ତୁ ଓ ବିକାର
ଭାଷାହୀନ ମୂହ୍ୟମାନ ଯେତେ ଆଶା ଯେତେ ବା ପିପାସା ।

ଖଣ୍ଡିତ ଆକାଶ କ୍ରମି ମରଣ ବା ଜୀବନର ମୁକ୍ତି
ମୁଁ କରିଛି ଅନ୍ୱେଷଣ ପାଇନାହିଁ ସନ୍ଧାନ କାହାର ॥

॥ ନଅ ॥

ତୁମର ଆଖିର ତାରା ହୁଏତ ବା ନିଶାନ୍ତର ନିସ୍ତେଜ ତାରାରେ
ରହିବ ବିବର୍ଣ୍ଣ ସ୍ମୃତି ଘୋଡ଼ିହୋଇ ମେଘ ଆଉ କୁହୁଡ଼ି ଓଢ଼ଣା
ତୁମର ଓଠର ଛିନ୍ନ ଫୁଲ କଢ଼ ପୃଥିବୀ ଦେହରେ
ହୁଏତ ରହିବ କେତେ ବସନ୍ତର ଫୁଲର ଗହଣା ।

ମୋ ମନର ଆକାଶରେ କେତେ ତାରା କେତେ ଝଡ଼ା ଫୁଲ
ମୋ ଦେହର ପୃଥିବୀରେ କେତେ ମୃତ୍ୟୁ କେତେ କ୍ଷୟ କ୍ଷତି
କେତେ ଆଶା କାମନା ଓ ଭୟ କେତେ ମେଘ ଆଉ ଖରା
ମୁମୂର୍ଷୁ ଦିନାନ୍ତ କେତେ, କେତେ ତିକ୍ତ ଦିଗନ୍ତର ସ୍ମୃତି ।

ତୁମର ଓଠର ରଙ୍ଗ ଫୁଲହୋଇ ଯଦି ଫେରେ ବସନ୍ତ ସହିତ
ବିବର୍ଣ୍ଣ ତାରାରୁ ଯଦି ତୁମ ଆଖି ଲୁହ ଫେରେ ଏହି ଘାସ କାକର ଟୋପାରେ
ଏ ମୋର ବିରହ ତେବେ କେତେ ଜୀର୍ଣ୍ଣ ଝଡ଼ାଫୁଲ ପରି
ଝଡୁଥିବ ଚିରଦିନ ମୋର ଚିଠି ପ୍ରେମଗପ ନାଟକ ଓ କବିତା ଲେଖାରେ ।

ତୁମର ଦେହରେ କିନ୍ତୁ ବିବର୍ଣ୍ଣ ବସନ୍ତ ଯାଏ ପତ୍ରଝଡ଼ା ଦେଇ
ଆଉ ମୋର ଏ ଦେହରେ ତୁମର ଏ ବସନ୍ତର ରକ୍ତରେପ କମିନାହିଁ ମୋଟେ
କମିନାହିଁ ।

|| ଦଶ ||

ମୁଁ ଯଦି ପଛକୁ କେବେ ଫେରିଚହେଁ ମୋ ସଭାର ବ୍ୟଥା ଓ କ୍ଲାନ୍ତିରେ
ଏ ସଂଧାର ଏ ଆକାଶ ଆରକ୍ତ ଦିଗନ୍ତ ପରେ ଧାଡ଼ିଧାଡ଼ି ଏହି ଝାଉଁଗଛ
ଆଉ ଏହି ଗୋଧୂଳିର ବିବର୍ଷ ଶୂନ୍ୟତା ଧରି ତୁମର ଏ ଆଖିର ଆକାଶ
ମୋର ଯଦି ମନେପଡ଼େ ମୋ ମନର ଭ୍ରାନ୍ତି ଘେରି ତୁମର ଦେହର ଏହି
                                    ଯେତେ ସତ ମିଛ...।

କୃଷ୍ଣଚୂଡ଼ା ପାଖୁଡ଼ାରୁ ରକ୍ତ ନିଭିଗଲା ପରେ ଚିଠି ଆଉ କବିତା ସେପାଖେ
ସେଦିନ ମୋ ଦିନାନ୍ତର ଧୂସର ଆକାଶ ଆଉ ସୃଷ୍ଟି ଭିତରକୁ
ମୁଁ ଯଦି ଅନାଇଁ ଦେଖେ ହଠାତ୍ ଆଶ୍ଚର୍ଯ୍ୟ ହୁଏ କୃଷ୍ଣଚୂଡ଼ା ଫୁଲରେ କଢ଼ରେ
ତୁମର ଦ୍ୱିରୁକ୍ତି ଫେରେ ଆଧୁନିକ ଗୀତ ହୋଇ ଥ୍ୟେଟର ପାର୍କ ଭିତରକୁ –

ସେଦିନ ମୋ ନଷ୍ଟ ଲଗ୍ନ ଭିତରେ ହୁଏତ ଥିବ ଏ ପୃଥିବୀ ତଥାପି ସୁନ୍ଦର
କୃଷ୍ଣଚୂଡ଼ା ପାଖୁଡ଼ାରେ ହୁଏତ ବସନ୍ତ ଥିବ ତୁମର କବିତା ଆଉ ନାଚ ଗୀତ
                        ଆର୍ଟରେ କଳାରେ
ଯଦିଚ ବା ଏଠି ତାର ମୁଁ ଜାଣିଚି ମୃତ୍ୟୁ ଆସେ, କ୍ଷୟ ଆସେ, ରକ୍ତପାତ
                                    ରୋଗ ଆଉ ଶୋକ
ଯଦିଚ ବା ମୁଁ ଜାଣିଚି ଏଠି ଆସେ ଈର୍ଷା ଘୃଣା, ସତୀତ୍ୱ ବି ନଷ୍ଟହୁଏ
                        କ୍ଲାନ୍ତି ଆସେ ଭଲପାଇବାରେ ।

ସେଦିନ ମୋ ଦିନାନ୍ତର ସବୁ କ୍ଷୟ କ୍ଷତି ପରେ ସମୟର ମୁଠାମୁଠା ଉଚ୍ଛିଷ୍ଟ
                                    ଓ ସ୍ମୃତିର ସ୍ତୂପରେ
ତୁମେ ପୁଣି ଦେଖାଦେବ ମୋ ମୃତ୍ୟୁର ଭୟତଳେ ହ୍ୟାଣ୍ଡଲୁମ୍
                ଶାଢ଼ୀରେ ବା ଅନ୍ୟକେଉଁ ଆଖିର ତାରାରେ ?